Livro Manifestações de Junho de 2013

Tenho andado refletindo, já a algum tempo, sobre o mandado teleológico do grande mestre Karl, quando o mesmo criou, ou recriou de Proudhom, a categoria analítica ontológica conhecida como Ditadura do Proletariado.

Já vivemos nela, no Brasil, pelo menos há algum tempo.

Senão vejamos. Fatos e processos lentos e longos desfilam diante de nossos olhos sem que os observemos com o olhar armado da perspectiva de observação do objeto sociológico.

Sem a preparação da perspectiva de observação metodológica certamente que o fenômeno nos escaparia.

Estava eu, desculpe a narrativa em primeira pessoa, assistindo a mais um daqueles repetitivos programas jornalísticos, sem perceber que nas repetições da pauta dos repórteres se escondia um processo político salutar, porém, não percebido pelo olhar não-crítico.

Era uma manifestação, como milhares das quais se assiste durante o ano inteiro, mais uma delas, onde populares, em sua repetição diária, quase que num mantra ensaiado e repleto de justificativas plausíveis, recheados de argumentos repetitivos e sustentados ***ad nauseum***, e

que de tanto serem repetidos já não
despertam a nossa antipatia, ou qualquer
reação ordinária ou contrária, parecendo
mesmo uma causa comum, justa e
indiscutível.

Ali estavam os atores sociais exercitando a
propalada Ditadura do Proletariado.

Sem qualquer constrangimento exigiam que
o governo local providenciasse para que o
esgoto sanitário que escorria pelas ruas
fosse devidamente cuidado para que não
trouxesse os danos e desconfortos de toda
natureza para os abandonados cidadãos
que os despejavam-no ali por total falta de
providências do ente público,
demonstrando o abandono a que pode
chegar a comunidade em vista daqueles
que têm a obrigação de zelar por ela.

Poderia argumentar que nenhum daqueles
cidadãos abandonados naquelas
circunstâncias possuía qualquer título de
propriedade de suas inóspitas residências;
ou, poderia argumentar que aquela área
que ocupavam para ali morarem não fora
planejada ou recebera qualquer autorização
para ser ocupada para moradia.

Poderia argumentar que o poder público se
omitiu em deixar que pessoas ocupassem a
área invadindo e precarizando o meio
ambiente sem o respaldo de qualquer
autoridade, à revelia dos donos da terra;
poderia argumentar que os invasores
chegaram ali sorrateiramente, e tomaram

posse do local pensando em estar deixando os seus locais de origem por uma oportunidade de ter o seu próprio chão, mesmo que esbulhando a propriedade alheia.

Mas, ao invés disso, eles exerceram o mais nobre dos direitos dos despossuídos, que é de violar os direitos coletivos em função do direito famélico, precário, o Direito dos desesperados.

Então, agora os invasores de direitos alheios exigem do poder público que ajeite os seus lotes para que possam morar com dignidade, pois é o que se espera do poder público, e não adianta tentar voltar atrás e refazer os direitos de propriedades alhures, pois que a ditadura do proletariado preconiza que a ditadura não reconhece direitos alheios à vontade da tirania popular, do tirano de plantão, que é o próprio proletariado.

Não aceitam, se quer, a possibilidade de desertarem das suas moradias precárias e de altíssimo risco, pendulares, fincadas precariamente em encostas escarpadas, às margens de águas de rios, lagos e lagoas, dentro de lixões, em cima de vias rodoviárias e vias férreas, enfim são apaixonados por habitação de alto risco, parecem possuir afinidade extrema pelos esportes radicais.

Assumiram as rédeas de seus futuros, criaram novos direitos que o Estado deve representar em seus proveitos, assumindo agora uma personalidade jurídica de fato e estabelecendo o fato consumado. O resto agora passa a ser dever do Estado: escolas para os seus filhos, calçamento das ruas, asfaltamento, posto policial, posto de saúde, linhas de ônibus, água encanada, esgotamento sanitário, energia elétrica, e demarcação das ruas e casas. Quem manda é o proletário. O Estado representa apenas o escritório da defesa dos interesses da classe proletária. Todo o Direito provém da classe proletária, e é a ação dela que produz a realidade única possível e toda fonte de moral e expectativas de comportamento social e político. Tudo os mais é apenas relativo.

O sistema de divisão do trabalho social veio para ficar: não é mais possível imaginarmos a vida confortável e segura sem o seu concurso. Somos todos escravos do sistema de divisão do trabalho, dos produtos produzidos em larga escala, dos profissionais e especialistas de todo o gênero e eles dependem de nós para a sua subsistência, não há como retroceder neste processo, não há como escapar deste compromisso. A divisão do trabalho social foi, sem dúvida, uma das maiores invenções da cultura humana de todos os tempos, mais importante do que a invenção roda, do fogo, da agricultura, da escrita, da bússola, do ferro, do bronze e da linguagem. A organização e divisão do trabalho social das abelhas o provam, pois elas não conhecem a roda, o fogo, a agricultura, a escrita, a bússola, o ferro, o bronze e a linguagem.

o autor

Confronto Ideológico de Conglobados: Capitalismo versus Comunismo

A teoria liberal econômica clássica está apoiada na categoria analítica dada pela entidade conhecida como lei do mercado livre onde atuaria a mão invisível que é um truísmo criado por Adam Smith , regida por outra categoria analítica da economia neoclássica conhecida como lei da oferta e da demanda que para funcionar através do mecanismo da mão invisível deveria ser escoimada de algumas externalidades, sejam os governos, seja os agentes econômicos assimétricos os quais atuariam de maneira individualista, egoisticamente, numa concorrência perfeita, cuidando cada um do seu próprio interesse, o que resultaria imediatamente, segundo o paradigma da Fábula das Abelhas , em vantagem para todos os participantes do mercado, agentes e consumidores.

A teoria marxista está apoiada na existência das categorias analíticas chamadas: luta de classes, mais-valia, e no questionamento da legitimidade da propriedade privada. Marx percebeu anomalias na sinestesia do processo da Revolução Industrial do Século XIX e propôs, ou, contrapôs aos conceitos dos economistas clássicos, uma revisão radical do processo produtivo mecanizado.

A principal preocupação de Marx era com as consequências colaterais do efeito macroeconômico e social do leviatã criado pela superprodução industrial e a consequente concentração capitalista que acabariam, segundo a sua previsão, destruindo o próprio sistema capitalista através dos aumentos progressivos da mais-valia relativa e absoluta, que terminariam extinguindo o mercado do qual obteve o seu lucro: seria o colapso do sistema capitalista.

O que ambos os lados pensam do poder e como pretendem atingir o objetivo da satisfação total dos indivíduos é o que será objeto da apreciação deste capítulo.

Os capitalistas entendem que no seu sistema os agentes do mercado e os consumidores têm liberdade para prosperarem economicamente e, que a lei da oferta e da demanda combinada com o efeito regulador da mão invisível formam a linha mágica que guia e restringe as ações dos participantes, pessoas jurídicas, e que o sistema legal do estado ocupa-se unicamente e idealmente em cuidar que esta lei do mercado possa ser observada em quaisquer circunstâncias para que o mercado continue funcionando livremente.

Os socialistas e, mais ainda, os comunistas acreditam que os indivíduos buscam a satisfação de suas necessidades básicas e que só o sistema de divisão do trabalho social planificado e socializado tem plenas condições de satisfaze-los, por isto todos devem ser convencidos de que o comportamento individualista é irracional pois destrói o processo de solidariedade orgânica e mecânica, impedindo a plena realização da civilização.

O Capitalismo

A visão capitalista da economia apresenta de plano alguns princípios dogmáticos que merecem uma apreciação cuidadosa, senão vejamos.

Mercado – É uma entidade abstrata regida pelo pressuposto da lei da oferta e da demanda. Para esta hipótese se confirmar e para o mercado funcionar alguns requisitos tem que ser rigorosamente observados, são os ceteris paribus do mercado. O primeiro deles diz respeito à competição. A competição presume que devam existir concorrentes e que estes devem ter um mínimo de chances de atuarem no mercado. Para que isto ocorra, existem as leis civis e comerciais, a ética, os regulamentos, as associações de classe e a tradição da sociedade monitorando o comportamento dos competidores-agentes no mercado. O segundo deles diz que para o mercado funcionar o consumidor deve ser livre para fazer as escolhas dos produtos, serviços e fornecedores no mercado, e, presume-se, que o consumidor esteja perfeitamente informado de todas as suas opções de escolha.

O outro dogma é o de que se espera que as empresas prosperem, ou seja, que o lucro seja conseguido nas transações econômicas, que a melhor empresa consiga o maior sucesso, consequentemente, cresça mais e, a pior desapareça finalmente do mercado, completando o círculo virtuoso do mercado perfeitamente competitivo.

Lucro – Este dogma diz que o lucro é o principal objetivo de qualquer transação ou atividade econômica de mercado, e que a busca do lucro é que faz com que as empresas sejam criadas, prosperem, e em consequência deste processo dinâmico e contínuo, mais aperfeiçoamentos sejam agregados aos produtos e serviços, o conhecimento científico e geral seja expandido, novos empregos sejam gerados, mais alargadas se vejam as fronteiras dos mercados, o próprio lucro seja reinvestido em benefício da sociedade, diretamente e indiretamente e que a sociedade indiretamente e em consequência disto acabe por beneficiar-se da prosperidade econômica deste processo sinergético.

Democracia – Outro dogma importante do capitalismo diz ser este sistema o mais adequado ao processo democrático de escolhas, pois diz que somente no mercado o cidadão é livre para fazer a escolha daquilo que lhe convém negociar, transacionar, e que o estado pouco interfere neste processo de escolha a não ser para garantir as condições de funcionamento cetris paribus do mercado.

Estruturalmente as ações do governo são controladas e guiadas pelos cidadãos, através de seus representantes indiretos no mercado do congresso, onde os representantes políticos dos cidadãos decidem tudo pela regra da maioria. Este congresso é parte da estrutura dos poderes da república, no caso em questão, o poder legislativo. Ali estão os representantes do povo mantidos e escolhidos num processo também de mercado livre de opções politicamente conduzidas, que através de uma procuração tácita os eleitores representando os anseios de toda população (eleitores + não-eleitores) manifestam a vontade coletiva identificada previamente através das siglas partidárias, coligações ou blocos parlamentares, cujo programa e orientação ideológica são de conhecimento e de domínio públicos, os quais os eleitores aderem ao exercerem o seu direito de voto secreto e universal.

Narcisismo - O outro dogma reflete o aspecto narcisista do capitalismo, que se arvora na pretensão de autoindulgência a despeito de seus defeitos, pseudo autojustificados pela falência dos modelos alternativos concorrentes, que à falta de outra alternativa melhor apoia-se à ideia da subjetividade das utilidades, ou seja tudo pode ser relativizado: a prosperidade, a riqueza, o bem-estar, a satisfação; neste critério de relativização ampla o mercado justifica-se pelas categorias ontológicas explicativas do comportamento do consumidor baseadas nos desideratos do consumo, traduzidos pelas máximas do Marketing materializadas nas mensagens de estímulo à cobiça, inveja, vaidade, status, desejo, conquista, sedução, dominação, adesão, uniformidade, exclusividade, autoafirmação, objetividade, subjetividade, demonstração de poder e riqueza tácitos ou conspícuos, cujo o objetivo deixa de ser a satisfação e o mero consumo para ser a emulação da competição social, os meios de realizá-las e satisfaze-las.

O Monopólio – O dogma do monopólio constitui-se um paradoxo para a competição de mercado. Segundo a teoria dos jogos toda competição tem um objetivo que só pode ser alcançado por um dos adversários em que o prêmio esperado pelos competidores deve ser atrativo o bastante para estimular a competição. Neste caso, a competição do mercado terminaria em monopólio, no limite seria o fim do mercado pela impossibilidade da competição prosseguir por falta de concorrentes: o mercado competitivo é imanentemente autofágico.

O monopólio representa o antimercado, por isso todo esforço deve feito para evitá-lo, e todo empenho colocado em combate-lo. O monopólio destrói a dinâmica capitalista, retira a possibilidade do exercício da livre escolha dos agentes econômicos produtores e consumidores, e acena para o risco da produção centralizada, padronizada, daquele sistema concorrente, o socialismo, paradigma a todo custo a ser evitado pelo capitalismo, por estes motivos é o grande mal a ser eliminado.

As conseqüências auguradas pelo monopólio são: estagnação tecnológica, econômica, queda na qualidade dos produtos e serviços, e, aumento de preços via controle da oferta, além da transferência indireta do poder de decisão do consumidor para o produtor monopolista. O monopólio destrói as bases do capitalismo, invalidando a lei fundamental do mercado através do artifício do controle total da oferta, para provocar a sustentação da demanda em níveis de elasticidade convenientes para o monopolista sustentar o custo total abaixo do limite do custo marginal de produção.

Esta circunstância nos empurra de volta ao conceito competição pura que é um estado ideal, uma abstração a ser perseguida em que para ser realizada, e jamais alcançada, muitas leis, regulações, agências e instâncias foram sendo criadas, aperfeiçoadas e propostas, algumas até de difícil efetivação, outras até com resultados desastrosos, mas nem por isto o modelo ideal de mercado deixou de ser perseguido.

Análise Marxista

A teoria marxista está baseada em dois

princípios e alguns conceitos bem definidos, muitos dos quais inquestionavelmente contundentes ao ponto de provocarem sucessivas reformas no sistema econômico capitalista. Para Marx a força de trabalho representa o esforço de venda do tempo do único bem que pode o trabalhador oferecer para o capitalista auferir o seu lucro e o trabalhador receber o suficiente para a sua sobrevivência. Este lucro não vem do momento da venda, ele deriva do excesso de trabalho não remunerado incorporado ao produto. O segundo o conceito, o de preço justo, que é o preço pelo qual a mercadoria é vendida, sendo um valor médio representando o valor de troca da mercadoria. Segundo Marx o lucro capitalista advém do excesso de trabalho da mão-de-obra, ou seja, o trabalhador é explorado por meio do processo conhecido como a mais-valia "surplus", que consiste em obter do trabalhador uma parte de seu esforço laboral não remunerado, quer seja através de uma jornada de trabalho mais prolongada ou, através do aumento da sua produtividade. É este excesso de trabalho que gera o lucro capitalista.

Cabe esclarecer que Marx considera que a matéria prima quando chega aos meios de produção já tem incorporada em si um certo estoque de força de trabalho aplicada de diversas formas ao valor final do produto, sendo a mais-valia final apurada como a soma total de todas as parcelas agregadas das etapas anteriores do processo da cadeia produtiva, já que todo conhecimento científico incorporado ao produto, se o foi, só teria valor, segundo esta visão, quando incorporado ao produto como força de trabalho, o que equivale dizer que a ciência em si, ou o conhecimento por si só não representa um valor econômico, assim como o estoque da matéria prima ainda não incorporada ao processo produtivo.

No marxismo real ignoram-se as necessidades do homem do acesso e de exercício do poder, que são negados e mal compreendidos como necessidades pavlovianas pois o objetivo principal é o fim da luta-de-classe através da internacionalização do comunismo pela revolução da socialização dos meio de produção, onde a ditadura do proletariado seria uma etapa no processo de mudanças revolucionárias. No capitalismo o mercado livre só se processa, a competição de mercado entre as empresas só acontece, e, a produção só é possível somente nas condições onde haja excesso de demanda, caso contrário os lucros diminuem desestimulando o interesse pela produção e comercialização, ou seja, na prática a lei da oferta e da demanda se transforma em lei da oferta, então a razão de ser da competição entre as empresas é realmente pelo controle do monopólio da oferta no comércio e na produção. Os preços dependem da elasticidade da oferta e da demanda de modo que a diminuição dos preços tem um limite inferior para efeito de aumento da demanda, de acordo com a fórmula de Lester-Marshall (neoclássico)

$$[ex(nx-1)]/[ex+nx] + [nm(em+1)]/[em+nm]$$

onde n = demanda

m = exportações

Dentro da perspectiva do conglobado o mercado, na verdade, é aquele espaço onde os produtos e serviços seriam cotados monetariamente pelo valor de troca, num determinado momento, pelo preço efetivo em que é negociado, seja pelo câmbio oficial ou não oficial, pelo ágio direto e indireto, portanto o mercado sempre existiu e existirá independentemente do sistema político e econômico a despeito das vontades dos agentes individuais, das instituições e das regras, da arenas políticas pluralistas, autoritárias, totalitárias, visíveis e invisíveis, tal qual foi o mercado aqui definido.

O que queremos analisar é a distribuição do poder nesta arena pois em sendo o dinheiro apenas uma de suas mais diversas manifestações materiais, por ser a mais evidente, acessível e universal em geral se confunde com o próprio poder. Pode parecer paradoxal que o capitalismo caminhe para o oligopólio e ao mesmo tempo o sistema liberal capitalista tente evitá-lo, confundindo os estudiosos e defensores deste sistema econômico, não obstante é exatamente isto que os marxistas esperam que aconteça ao final do ciclo do capitalismo, ao contrário das expectativas de Kondratieff que percebe ciclos ou Simiand que percebe tendências que se repetem regularmente, tal situação vem sendo firmemente, continuamente e constantemente adiada através da introdução de reformas periódicas no sistema liberal capitalista visando impedir este desfecho natural na perspectiva marxista, mas para os liberais não existem os limites nem demarcações para o marco conceitual do modelo capitalista, porque este modelo só existiu na proposta e concepção marxista sobre o capitalismo. Para analisar esta situação e encontrar as respostas partimos de algumas premissas já consagradas:

1. socialismo é uma hipótese altruísta;

2. capitalismo é uma hipótese egoísta;

3. Existem indivíduos dos dois tipos em qualquer população.

O egoísmo e o altruísmo são manifestações diferentes do relacionamento dos indivíduos com o poder, não seria desejável que todos fôssemos iguais, seria um risco muito grande para a sobrevivência adaptativa do homo político-econômico, segundo os pressupostos darwinistas sobre a evolução e mutação das espécies, para obedecer aos preceitos da perfeita integração das espécies ao meio-ambiente, transplantados os mesmos princípios para o campo político econômico, pois para isto a espécie social precisa de indivíduos de toda as matizes, este é o princípio básico do evolucionismo. A verdade é que, sem receio de afirmar, os indivíduos egoístas encontram-se em maior número nas sociedades não-primitivas, e o capitalismo apoia-se nesta característica inteiramente, por isso a melhor maneira de entendê-lo é comparar o sistema capitalista a uma loteria, onde todos os jogadores sabem de antemão que muitos, a maioria, vai perder para que uns poucos ganhem, parece irracional se visto do lado vencedor, do lado do perdedor o prêmio (o valor da aposta) investido para o risco de ganhar é pequeno, além disso todos acreditam que têm sorte por isto continuam fazendo as suas apostas. Ora, se todos ganhassem a aposta todos perderiam pois receberiam menos que o valor apostado, ou seja, lucro negativo, por isto todos desejam o azar dos outros jogadores e apostam que todos tenham má sorte.

Para sair deste círculo vicioso os marxistas obrigam os indivíduos a ficarem de fora deste jogo sem-saída.

Se o governo soubesse o que querem os cidadãos lhes daria mais poder, pois a riqueza é apenas uma de suas formas, para muitos a única com que podem sonhar, para outros a mais viável. Então é na distribuição do poder que a sociedade se realiza e sem renegar o egoísmo é possível utilizá-lo para realizar este fim.

Os indivíduos altruístas têm uma percepção subjetiva deste fato e na ânsia de supera-lo acabam sacrificando-se , o que também não é desejável nem o ideal para o societarismo.

A saída ideal é a cooperação, a cooperativização, a societarização, o consórcio e associação de interesses na busca da realização comum em direção da exponenciação dos resultados, a alternativa é ensinar e mostrar às pessoas que ao invés de trabalharem sozinhas devem aprender a trabalhar juntas e tirarem vantagens do trabalho, estudo e pesquisa em coordenação, associativamente. A saída no campo político é a distribuição equânime de oportunidades de acesso ao poder através de todos os meios, quer seja na política de saúde, justiça, educação, na liberdade e democracia econômica e política.

Marx já nos deu a lição da força do sistema de divisão do trabalho social em sua análise sobre a cooperação e a alienação no processo produtivo industrial como força poderosa de reprodução do capital egoísta do capitalista, uma vez que o capitalista apenas remunera a força individual e ganha de graça, além da mais-valia, é claro, o efeito grupo que produz sinergia onde o todo é superior a soma das parcelas individualizadas, que é produzido pelo efeito da cooperação entre os trabalhadores, que ocorre aleatoriamente, secundariamente e automaticamente no processo de aglutinação da mão-de-obra laboral dentro do ambiente da unidade produtiva onde fica o locus das interações sociais principais durante a maior parte do tempo da vida dos trabalhadores. Este efeito é tão importante para a percepção de lucro que não passou despercebido dos capitalistas, e muitas vezes ele não surge espontaneamente, como no processo da produção do trabalho coletivo, o qual é provocado e conduzido ou induzido arbitrariamente pelo capitalista, efeito citado por Marx como o responsável pela elaboração das obras-primas da engenharia humana atestadas nas sete maravilhas do mundo que de outra forma jamais teriam sido erigidas.

Domesticando a política Existe instituições cem por cento humanas, civilizadoras, e outras instituições selvagens, naturais comuns entre os humanos e espécies animais não humanas. O amor é um comportamento lindo encontrado nas espécies que vivem monogamicamente como o casal de cisnes. O papai pinguim sempre encontra os seus filhos dentre milhares de pinguins quando volta do mar trazendo a comida para sustentar seus filhotes. Portanto, o amor e o sexo não são comportamentos humanizadores. As abelhas constituem sociedades com dezenas de milhares de indivíduos, com uma rainha, locados em soldados, operárias e zangões reprodutores. Formar uma sociedade não é um privilégio da habilidade humana. Golfinhos formam famílias com regras sociais e éticas onde um membro pode ser afastado ou morto por assédio a outros membros. As instituições exclusivamente humanas jamais encontradas fora dos seres humanos são exclusivamente a ciência, filosofia, religião, já que as artes e o canto da música se encontram presentes em outras espécies não humanas. Conclusão: não é natural a prática social da política, da sociedade, da família, do amor e do sexo, são ativismos das espécies animais. Não somos naturalmente e exclusivamente animais políticos por escolha ou evolução intelectual. Política é uma contingência animal social. Ao contrário do que teorizou Aristóteles, o homem não é um animal politico. A política é um atavismo animal selvagem ainda não domesticado.

Não é o momento apropriado para nos dispensarmos. A civilização está se desfazendo. Os nossos inimigos quase nos derrotaram. São os inimigos da tradição da nossa civilização. O comunismo foi encurralado, mas, resiste vivo como um vírus atenuado, enrustido, recolhido, hibernando à espera da sua melhor chance que sem dúvida são os momentos de crise de penúria financeira para iludir as multidões com a falsa saída mágica e desesperada. O comunismo é uma escravidão sórdida de uma elite política sobre toda população, totalitária e impiedosa. A segunda ameaça é a cocaína, e seus equivalentes, o crack, a heroína e o êxtase e seus equivalentes respectivos. Juntamente com o álcool fornecem o anestésico para as agruras diárias. O problema das drogas ilícitas e daquelas drogas lícitas é a adicção. Elas viciam e produzem a dependência e a decadência moral e física. Não fosse isso seria o paraíso na terra prometida. Então vem a terceira praga moderna que é a autoextinção da nossa espécie humana deliberadamente executada. As pessoas não estão se reproduzindo. E o pior: estão se suicidando. Países aboliram o casamento, substituído por uniões casuais, e casais homossexuais, chamados juridicamente de homoafetivos antes de serem constitucionais, por decisão incidental dos juízes do STF, sem respeitar a casa que faz as leis do País. Assim, devemos unir as nossas forças sobre todas as divergências doutrinárias cristãs para salvação da humanidade que ainda resta.

Sabes porquê nunca deu nem daria certo? Por causa da natureza humana. Falando sério. Qual a base empírica e estatística das construções dos imperativos categóricos destas teses econômicas e as bases históricas sobre as origens do capital que justificam a tese do roubo?

Podemos discutir as bases dos impérios ao longo da história e as espoliações e despojos tanto quanto na escravidão e a servidão feudal.

a caso precisou-se de investimentos em tecnologia bélica e muita logística.

e táticas tudo lastreado sobre o estado básico da arte vigente.

Conhecimento avançado de metalurgia.

Conhecimento avançado em topografia e meteorológicos.

Navegação e engenharia naval.

Basicamente simplesmente a redução de tudo a luta de classes não explica nada.

Tema estudado desde Platão, a necessidade humana de proteger seus bens e a rés pública.

A rua é de todos.

 O ar é bem comum coletivo.

Eu cuido daquilo que me pertence, no máximo, estendendo os cuidados até o domínio dos filhos e netos quanto à propriedades imobiliária, a lei se preocupa quando o assunto é herança dos bens.

Já no que diz respeito aos bens públicos, aquilo que pertence a todos não pertence a ninguém, por isso meu dever não inclui limpar as ruas nem sair de casa para taparmos os buracos da estrada, porém, quando colocamos nosso carro na rua, nessa mesma estrada, queremos que os demais motoristas saiam de nosso caminho e não aceitamos que nos atrapalhe porque a nossa base age como se fosse exclusivo e não bem comum. Esse é o paradoxo do socialismo.

BARTOSEK, Karel; COURTOIS, Stéphane;
MARGOLIN, Jean-Louis; PACZKOWSKI; ,
Andrzej; WERTH, Nicolas.

O LIVRO NEGRO DO COMUNISMO.

 Rio de Janeiro: BCD União de Editoras S.A.,
2000. 917 páginas. (....)

Quando alguns de nós voltávamos da praia,
aonde tínhamos ido tomar banho, ouvimos,
ao aproximarmo-nos da entrada principal
da escola, gritos e vociferações.

Alguns camaradas de classe corriam para
nós gritando: "A luta começou! A luta
começou!".

Corri para dentro.

No campo de jogos, e ainda mais longe
diante de um edifício escolar novo de três
andares, vi um grupo de professores, 40 ou
50 no total, dispostos em filas, com a
cabeça e a cara pintada com tinta preta, de
modo que formavam efetivamente um
"bando negro". Tinham pendurados ao
pescoço cartazes com inscrições como
"fulano de tal, autoridade acadêmica
reacionária", "beltrano, inimigo da classe",
"fulano, defensor da via capitalista,
"beltrano, chefe do bando corrupto" - todos
qualificativos tirados dos jornais.

Todos os cartazes estavam marcados com
cruzes vermelhas, o que dava aos
professores o aspecto de condenados à
morte à espera da execução.

Todos tinham na cabeça bonés de burros,
nos quais estavam pintados epítetos

semelhantes, e carregavam nas costas vassouras sujas, espanadores e sapatos.

Tinham também pendurado em seus pescoços baldes cheios de pedras. Avistei o diretor: o balde que carregava era tão pesado, que o fio metálico cortara-lhe profundamente a pele, e ele cambaleava.

Todos descalços, batiam em gongos e panelas dando a volta ao campo, ao mesmo tempo em que gritavam... "Eu sou o gângster fulano!". Finalmente, caíram todos de joelhos, queimaram incenso e suplicaram a Mao Zedong que "fossem perdoados pelos seus crimes".

Fiquei chocado com essa cena e senti-me empalidecer. Algumas moças quase desmaiaram. Seguiram-se pancadas e torturas.

Eu nunca tinha visto antes torturas como àquelas: obrigaram essas pessoas a comerem matérias das latrinas e insetos; submeteram-nas a choques elétricos; fizeram com que se ajoelhassem em cima de cacos de vidros; forçaram-nas à performance do "avião", pendurando-as pelos braços e pelas pernas.

Os primeiros a pegar nos porretes e a torturar foram os bárbaros da escola: filhos de quadros do Partido e de oficiais do exército, pertenciam às cinco classes vermelhas - categoria que compreendia igualmente os filhos de operários, de camponeses pobres e semipobres, e de mártires revolucionários. (....) Grosseiros e cruéis, eles estavam habituados a jogar com a influência dos pais e a brigar com os outros alunos.

Sendo de tal modo incompetentes nos estudos, eles estavam para ser expulsos, e culpavam provavelmente os professores por este fato.

Encorajados pelos provocadores, outros alunos gritavam: "Batam neles!", e, lançando-se contra os professores, davam-lhes murros e pontapés.

Os mais tímidos foram obrigados a apoia-los, gritando a plenos pulmões e erguendo o punho.

Não havia nada de estranho em tudo aquilo.

Os jovens alunos eram, normalmente, calmos e bem educados, mas, dado o primeiro passo, não podiam fazer outra coisa a não ser seguir adiante (....).

O golpe mais duro, para mim, nesse dia, foi, porém, o assassinato de meu querido professor Chen Ku-teh, aquele por quem eu tinha mais amor e respeito. (....).

O professor Chen, que tinha 60 anos e sofria de hipertensão foi arrastado para fora às 11h30min, exposto ao sol do verão durante mais de duas horas, e depois forçado a desfilar com os outros carregando um cartaz e batendo num gongo.

Em seguida, arrastaram-no para o primeiro andar de um edifício escolar, depois novamente para baixo, batendo-lhe com os punhos e com cabos de vassoura ao longo de todo o trajeto.

No primeiro andar, alguns dos agressores entraram numa sala de aula para irem buscar varas de bambu, com a quais continuaram bater-lhe. Detive-os. Suplicando: "Não há necessidade de fazer isso! "É demais!".

O professor Chen desmaiou várias vezes, mas eles faziam-no voltar a si jogando baldes de água fria em seu rosto. Quase não conseguia mexer-se: tinha os pés cortados pelos vidros e rasgados pelos espinhos. Mas o seu espírito não fora abatido. "Por que não me matam?" - gritava. "Matem-me!".

Isso durou seis horas, até que ele perdeu o controle dos seus excrementos.

Os atormentadores tentaram enfiar um bastão no reto.

Caiu pela última vez.

Novamente jogaram-lhe água fria, mas era tarde demais.

Os assassinos ficaram por um instante como que atordoados, poi era, sem dúvida, a primeira vez que espancavam um homem até à morte, tal como era, para a maior parte de nós, a primeira vez que assistíamos a semelhante cena.

Começaram a fugir, uns atrás dos outros. (....)

Arrastaram o corpo de sua vítima para fora do campo, até uma cabana de madeira onde os professores costumavam jogar pingue-pongue. Aí estenderam-no em cima de um tapete de ginástica sujo e depois chamaram um médico da escola e disseram-lhe: "Verifique cuidadosamente se ele morreu mesmo de hipertensão. Você não tem o direito de defendê-lo!".

O médico examinou-o e declarou que tinha morrido em consequência de torturas. Então, alguns o agarraram e começaram a bater nele, dizendo: "Por que é que você respira pela mesma narina que ele? Quer acabar da mesma maneira?".

O médico acabou escrevendo na certidão de óbito: "Morte devida a um súbito ataque de hipertensão".

Os nazistas, os comunistas, aterrorizaram a humanidade, mas, seria ingenuidade achar que eles tem o monopólio e a exclusividade do desprezo pela humanidade. Infelizmente eles são iguais a qualquer grupo ou etnia, ou países, porque é da natureza humana.

Está na Bíblia.

Deus desistiu quatro vezes de nós humanos.

Deus expulsou Adão e Eva.

Depois fez o dilúvio para destruição, mas, separou os descendentes de Abraão; para amaldiçoa-los com a diáspora; por fim mandou João Batista rasgar as leis abraâmicas , jesus foi traído pelo amigo judas, foi morto e humilhado.

Acha ainda que os nazistas são maus?

Achas que são os Xiitas a escória da civilização?

A Santa Inquisição?

O Holocausto?

Os gulags?

O coitadinho do Kim jun Un os párias da civilização?

Precisamos rever nossos conceitos de humanidade e de civilização.

Vivemos um novo cenário de um tipo ainda não dominante de guerra. O tipo de guerra subliminar.

Esta nova arma de guerra foi cuidadosamente criada pelo pensador comunista chamado Gramsci.

É aquela tática de repetir o argumento aparentemente ilógico.

Pela estupefação que causa da redução ao absurdo, produz o choque pela violação psíquica reduzindo as defesas mental e psicológica pelo efeito da paralisação diante do paradoxo paradigmático.

Então, os sofistas usam da paralogia para conduzir seus argumentos através de um elenco sofístico provocando a contradição pela redarguição.

Esta guerra de palavras usa da dicção da grita sem se importar com os argumentos. Até levar o interlocutor à exaustão. Então passa a incorporação dos argumentos contrários do próprio adversário para repetições de sua verbosidade erística agora sem resistência e sem o bloqueio intelectual anestesiado.

A raiz de todos os males do Brasil Segundo os contratualistas: Rousseau, Locke e Hobbes, Montesquieu, Hamilton, outros liberais modernos e contemporâneos

O princípio fundador da sociedade humana civilizada, e mais, o princípio fundador do Estado de Direito foi o contrato social, baseado em um único princípio universal que fundou a sociedade de maior sucesso, superou a escravidão, o feudalismo e a monarquia absolutista que foi o mundo liberal democrático com a tripartição dos poderes em pelo menos três.

Foi tudo isso possível com a coletividade humana quando decidiu tacitamente abandonar e adjudicar ao governo a sua liberdade e a sua autonomia.

Abrimos mão do direito fundamental da nossa autoproteção e da nossa razão individual em função da proteção da sociedade e da razão coletiva.

Não existiriam mais direitos e garantias individuais, tudo que existe são direitos e garantias sociais a despeito ou por causa dos direitos e garantias individuais das quais abrimos mão para constituirmos a sociedade.

A sociedade brasileira introjeta e externa justamente o contrário destes princípios fundadores da sociedade liberal democrática realçando os direitos e garantias individuais a despeito dos direitos e garantias coletivas.

Estamos no Brasil na fase pré contratual da fundação de uma sociedade civilizada.

Assim o cidadão estaciona o seu carro onde bem entender desde que atenda as suas demandas e direitos individuais, em fila dupla, na saída / entrada de garagens, leva a vovó para o banco para ser atendido na fila preferencial, enfim, ninguém está atento ao coletivo, e está na CF um capítulo apenas para um rol imenso destas garantias dos direitos individuais, a verdadeira galeria do dissenso.

Na Suíça vemos o inverso onde nenhum direito coletivo se submete ao direito ou garantia individual, está subentendido na constituição dos EUA que os direitos coletivos vem a frente de qualquer garantia individual, como deve ser.

Ninguém pergunta onde estão os deveres de cidadania, mas ao Estado brasileiro deve, de modo universal, a garantia de todos os direitos dos cidadãos brasileiros, e isto não é motivo de crítica, na verdade é a causa de todos os males do Brasil.

Terrorismo insólito

Verdades que incomodam

O islã furioso, aquele das Cruzadas, do WTC, não faz contabilidade direito. O grande atentado de 11 de setembro de 2001 custou muito caro para pouco efeito.

Foram onze anos de preparação infiltrando mais de quarenta árabes na sociedade americana, então foram fazer a habilitação em voos de Boeing, durante dez anos os pilotos suicidas prepararam-se para pilotagem e navegação aérea, calculo o custo do curso e treinamento em cerca de cem milhões de dólares.

O tempo de preparação, o sacrifício suicida, o custo de cada aeronave cerca de 200 milhões de dólares, somando tudo, mataram pouco mais de três mil americanos no WTC.

Cada morte custou cerca de cem mil dólares e mais de dez anos de preparação. Para eliminarem três milhões de americanos do norte precisariam de investimentos de cerca de 300 bilhões.

Um caminhão daquele usado no atentado em Berlim custa cerca de 150 mil euros, para assassinar cerca de doze pessoas, calculando que precisariam de cerca de mil destes para matarem 12 mil alemães então seriam necessários os gastos de cerca de 150 milhões de euros, assim cada morte custaria em torno de quinze mil euros.

Fora a logística para conseguir alocar mil caminhões suicidas, ou cerca de mil aviões Boeing para atirá-los contra arranha céus, a estratégia terrorista não visa prejuízos materiais ou humanos, apenas aterrorizar as pessoas já que é bastante ineficaz, ineficiente e não efetiva do ponto de vista militar, político e econômico.

Mas, em política, vale o discurso emocional, e aí eles, os terroristas ganham de lavada, a encenação midiática do grande efeito pirotécnico e plástico atinge a nossa estética, os nossos valores, a probabilidade destes eventos se sucederem um uma escalada desastrosa é mais baixo do que sermos atropelados por uma baleia na piscina de casa.

É uma guerra psicológica, não te racionalidade, apenas criar pânico nas pessoas emotivas, não é eficaz nem pode ser reproduzido em escala.

Enquanto as potências do bem entenderem que existe terrorista do bem, e ditador benevolente, nosso amigo delinquente, nosso vizinho bom estuprador, então nada vai mudar, e vamos acreditando na evolução da raça humana e na progressão das penas dos assassinos, violentadores, terroristas, afinal prisão faz o que a escola nunca fez, ela educa, transforma, enternece e ressocializa.

 Chamar um macho, homem, de machista é tão ofensivo como chamar um cachorro de cachorrista, ou um macaco de macaquista, ou um leão de leonista.

Somos machos e adoramos sê-lo, se isto incomoda às mulheres, algumas, muitas, sinto muito, ninguém abriria mão de ser dominador, privilegiado, forte, sagaz, porque o faria?

Dizer que a mulher consegue ser superior em multitarefas e o homem não, não nos incomoda, pois o teste foi feito com tarefas domésticas, cuidar do fogão, da panela no fogo, do celular que toca, do bebê que chora, e da máquina de lavar tudo ao mesmo tempo, nós não temos esta habilidade, porque temos que cuidar dos três monitores do painel de comando da aeronave, falar pelo rádio com a torre de controle de voo, verificar se o trem de pouso já está baixado, reduzir a velocidade da aeronave, baixar os flaps, verificar a direção e velocidade do vento na pista e monitorar as quase 400 informações do painel de comando da aeronave, coisas que qualquer idiota faria.

Ah, sim, o único apelido que existe em todas as línguas do mundo é cdf, ou nerd, porque nenhum aluno gosta dos gênios, eles apanham e são humilhados nas escolas do mundo todo, pelos rapazes fortões e burros, e pelas gatinhas mais cobiçadas na escola, mas eles vão ser os patrões e chefes destes que debocham só que eles ainda não sabem disso, por isso parem de dizer que homem tem medo de mulher bem sucedida profissionalmente, na verdade, ninguém gosta, nem as outras mulheres...

Veja a que ponto chegamos:

Chegado aqui neste dia onde eu jamais esperava não poder ter nenhum amigo petista adicionado no FB, ao contrário, foram um a um bloqueados, cancelados, excluídos, somente restando dois deles, amigos de quatro décadas.

Não conseguem conviver com o direito ao contraditório.

Eu consigo.

Sou negro, SPF, sindicalista, fundador do PT, mas pude ter a oportunidade de reciclar meus ideais de infância e acatar as lições da história onde se deturpou as ideias de Rousseau e Jesus sobre a utopia socialista.

Ao criar o Jardim do Éden, Deus imaginou o paraíso na terra, então não cogitou Deus de criar o céu nem inferno, pois não constava de seus planos a queda de Eva e Adão.

Depois disso destruiu tudo, arrependido dos seus sonhos da perfeição societal humana, através de um dilúvio, mas deu uma chance nova para a humanidade renascer na Arca de Noé, novamente, deu errado, então chamou Abraão e disse que ele seria o patriarca de um povo bom, perfeito, negro, palestino, seria o seu povo predileto, único.

Novamente deu errado, veio João Batista e um novo povo de Deus expandido pelo batismo excluindo o povo hebreu e incluindo-o juntamente com os batizados na fé.

O que vemos depois foi a instituição do céu e do inferno para separarem os bons dos maus.

Assim, o socialismo fracassou, como os planos divinos para a humanidade perfeita.

Será que Heinrich Karl Marx ainda defenderia o projeto do Comunismo se vivo fosse hoje?

Seu projeto era mais perfeito do que o de Deus para a humanidade?

O que resta para os ainda recalcitrantes aceitarem que o projeto de uma sociedade perfeita via comunismo fracassara, e deve ser esquecido como o próprio Deus se arrependeu duas vezes de ter criado o homem.

A culpa pode ser do homem, ou do socialismo, não importa mais, nunca vai dar certo, a História o provou, assim como o Jardim do Éden.

O Socialismo é messiânico, na visão salvadora e resgatadora da humanidade pois se autointitularam os protagonistas dos inocentes alienados, segundo Heinrich Karl Marx, somos todos imbecis por vício de origem, como no pecado original de Eva, por isso a salvação encontra-se na única redenção da escuridão da ignorância para mesmo não a reconhecendo oferecer o resgate compulsório do erro original causado pela maldade imanente ao sistema capitalista.

Mas, a realidade teima em contrariar as concepções marxista em seus constructos teóricos tanto ontológicos como tanto categorias analíticas transcendentais kantianas, quer dizer, o marxismo é uma religião de fiéis e não se submete à análise histórica muito menos epistemológica, pois se autojustifica e encontra as provas de sua sustentação endoginamente a partir de suas premissas deduzidas de seus autoconceitos pressupostos autojustificados, ou seja, parte da premissa de que existe um erro primordial no capitalismo apenas porque o capital é mal, o trabalhador é vítima do capital, a saída é usurpar o capital por que toda propriedade privada é fruto do roubo, portanto a propriedade coletiva é a única sem vícios.

Nunca se exigiu prova de que a origem da propriedade seja justa ou não, a ortodoxia marxista exige que não seja necessária a devida prova, assim o trabalhador quando desempregado apela aos capitalistas para suprir a vaga no emprego então paradoxalmente logo que começa a trabalhar para o capitalista cruel que lhes deu a saída para o desemprego, passa o mesmo patrão a ser o seu principal inimigo por aliená-lo dos meios de produção e da consciência de propriedade e de posse dos meios de produção, a despeito de que a criação de cada posto de trabalho ofertado pelo cruel capitalista custa investimento de capital muitas vezes superior ao valor da mão de obra empregada principalmente no setor terciário e secundário da Economia.

É uma quimera imaginar que o próprio trabalhador possa investir na criação de seu próprio posto de trabalho sem pesados investimentos, e quem consegue via de regra fazê-lo com sucesso chamam-se autônomos e ou ambulantes.

Tais categorias já existiam ao tempo de Marx, apenas ele teve má vontade em perceber isso ou foi má fé do grande mestre.

Como americanizaram o mundo depois da Segunda Guerra Mundial

Norte americanos fracassaram quando tentaram americanizar o mundo apenas quando tentaram transformar a sua campanha internacionalista em guerra ao comunismo, para descobrir que mais à frente teria que declarar outra frente ideológica de guerra ao imperialismo russo-chinês, e agora se vê obrigado a declarar guerra ao islamismo.

Foram três frentes?

Comunismo, imperialismo e religião?

A resposta não é simples.

Reunir os inimigos em uma frente e designar um nome e um objetivo são essenciais para uma democracia liberal protestante cristã poder motivar a população, convencer as forças no congresso e justificar moralmente a guerra.

O objetivo de todo império é a dominação mundial.

Os EUA já o tem, através do dólar.

Mas, os políticos e os generais americanos ainda não sabem disso.

A partir desta e de outra posição equivocada desperdiçam vidas, tempo e recursos e por isso colocam todo o mais a perder, inutilmente e desnecessariamente.

Foi a coalisão pós guerra, - segunda grande guerra, que casualmente, e de modo não previsto e não antecipado pelos estrategistas norteamericanos, justificados pela outra guerra, a guerra fria, - que imediatamente os inimigos da humanidade se tornaram num piscar de olhos os seus esteios na política de paz internacional, Alemanha e Japão, na luta contra a União Soviética e China Comunista.

Não se sabia na ocasião que a luta do império americano não deveria ter sido essa.

Agora se sabe que os comunas nunca foram os seus inimigos.

Coitados do Vietnã, Camboja, Coréia, Tailândia, Rússia e China que tiveram e que enfrentarem em guerras quentes e guerras frias, desnecessariamente a Europa e os EUA e seus caudais menores arrastados para a fogueira equivocada, causando dissenções entre países do terceiro mundo que viram no socialismo a ponte mais rápida para o bem estar social que somente o capitalismo de mercado realizou até hoje na civilização terrestre.

A estratégia de Washington mirou no que viu e acertou no que não viu.

Foi a reconstrução da Europa e do Japão que garantiram o império Americano, não a guerra fria nem as guerras no sudoeste asiático.

Plano Marshall, este fora o criador do maior império de que se tem notícia na história da humanidade.

Lição não conhecida, acreditava Washington que lutara na guerra fria, mas a vitória foi ganha no plano Marshall.

O dólar norteamericano sobrestou não somente a libra esterlina como todas as moedas, só agora o Euro e o BRICS e o seu sistema de bancos ainda em criação começam a estabelecer a verdadeira ameaça ao império americano, que jamais conheceu da ameaça do comunismo ou do islamismo.

Vivemos desde sempre dois mundos.

Os dois únicos possíveis segundo Heinrich Karl Marx: o mundo dos ricos e o outro, o mundo dos pobres.

Heinrich Karl Marx já tinha fornecido a pista mas Washington não lê o velho Karl.

Pessoas satisfeitas, com a barriga cheia de comida, ruas sem mendigos, e famílias felizes são o único antídoto contra todos os extremismos: contra o comunismo, contra o islamismo, contra o pentecostismo, contra o sindicalismo, contra o caudilhismo, contra ditaduras, contra os radicalismos, contra os fundamentalismos, assim, a miséria é a maior fomentadora das revoluções e dos governos instáveis antiamericanos por tudo que a América representa, não como império, mas como o lugar de sonho dos oprimidos famintos do mundo inteiro.

Agora que fora identificada a verdadeira ameaça aos valores democráticos e à liberdade, resta reconhecer que acabar com a miséria é acabar com o comunismo, pentecostismo, islamismo, e todos os ismos da exacerbação emocional, política e econômica.

Washington passou bem perto.

Não viu a solução que ela mesmo inventou, e que poderia ter evitado a Segunda Guerra mundial e a Primeira Guerra Fria.

Pessoas satisfeitas não deixam o governo ir à guerra nem se envolvem em extremismos inúteis e dispendiosos.

Agora não adianta tentar entender homens bomba, onze de setembro, Hafez Assad, Bin Laden, Saddan Hussein, Hitler, nenhum destes teriam terreno tão fértil como se encontra em um país miserável e abandonado aos maus políticos demagogos e egoístas.

Início do artigo "Free vehicle bill off sale" Fontes: [1] TomDispatch, autor: Andrew J. Bacevich :: [2] Asia Times Online, autor: M.K. Bhadrakumar :: [3] RT, autor: Pepe Escobar

Recordemos que, quando os EUA lançaram sua Guerra Global ao Terrorismo logo depois do 11 de setembro, o lançamento acompanhava uma agenda grandiosa.

As forças norte-americanas imporiam dali em diante, a todos, um conjunto específico e exaltado de valores.

Durante o primeiro mandato do presidente George W. Bush, sua "agenda liberdade" constituía o alicerce ou, no mínimo, a justificativa, da política norte-americana.

O tiroteio só pararia, Bush jurava, quando países como o Afeganistão tivessem aprendido a não dar abrigo a terroristas anti-EUA, e países como o Iraque tivessem parado de encorajá-los.

Alcançar esse objetivo significava que os habitantes desses países teriam de mudar.

Afegãos e iraquianos, seguidos na devida ordem dos fatos por sírios, líbios, iranianos e incontáveis outros povos abraçariam a democracia, todos os direitos humanos e o estado de direito, ou seriam dinamitados.

Pela ação concertada do poder dos EUA, todos esses países seriam tornados outros – mais assemelhados aos EUA e mais inclinados a concordar conosco.

Cada vez menos Meca e Medina, cada vez mais "nós defendemos essas verdades" e "do povo, pelo povo".

Nisso Bush e outros do seu círculo mais íntimo juravam crer.

No mínimo, alguns deles, provavelmente até o próprio Bush, talvez realmente cressem.

A história, pelo menos os fragmentos e pedaços que os norte-americanos viram acontecer, parecia confirmar tais expectativas, com um mínimo de plausibilidade.

Semelhante transferência de valores já não acontecera, sem tirar nem pôr, depois da 2ª Guerra Mundial, quando as derrotadas Potências do Eixo tão rapidamente se atiraram ao colo do lado vencedor?

Já não acontecera também nos estertores da Guerra Fria, quando comunistas comprometidos sucumbiam à sedução do consumismo e da distribuição trimestral de lucros?

Se o mix apropriado de sedução e coerção lhes fosse servido, afegãos e iraquianos, eles também, com certeza seguiriam o mesmo caminho que antes bons alemães e lépidos japoneses seguiram e que, depois, também tchecos cansados de repressão e chineses cansados de só desejar também seguiram.

Uma vez libertados, afegãos e iraquianos gratos se alinhariam também a uma concepção de modernidade da qual os EUA haviam sido pioneiros e hoje exemplificam.

Para que essa transformação acontecesse, contudo, os restos acumulados de convenções sociais e arranjos políticos que tanto haviam retardado o progresso teriam de ser varridos para bem longe.

Esse era o objetivo que as invasões do Afeganistão (Operação Liberdade Duradoura!) e do Iraque (Operação Liberdade Iraquiana!) foram concebidas para atingir num só golpe, por militares como o mundo jamais antes vira (bastaria ouvir o que Washington dizia).

Power of War, POW, Poder da Guerra!

Por extensão, em circunstâncias nas quais as forças dos EUA são demonstradamente incapazes de vencer guerra alguma, ou onde os norte-americanos se neguem a admitir qualquer gasto adicional de sangue norte-americano – hoje, no Oriente Médio Expandido, as duas condições acima se aplicam -, a conclusão será que nada temos de fazer lá (seja onde for).

Fingir que alguma outra coisa seria melhor solução é jogar dinheiro bom onde já se perdeu dinheiro ruim, como um famoso general norte-americano disse certa vez, para guerrear (ainda que indiretamente) "a guerra errada, no lugar errado, na hora errada e contra o inimigo errado."

É o que os EUA vimos fazendo já há várias décadas em grande parte do mundo islâmico. Fim do artigo epigrafado....

Erraram agora novamente com relação às conclusões.

Uma vez conquistado o estado do bem estar social o ser humano não se importa se vive em uma democracia liberal, ou não, pessoas no Reino Unido não se importam em pagar mais de quarenta por cento de imposto de renda, na Dinamarca as pessoas não se importam em pagarem mais de cinquenta e cinco por cento de imposto de renda.

Menos de trinta por cento dos adultos aptos a votar se interessam pelas eleições nos Estados Unidos da América.

De onde vem os conceitos de que a democracia liberal produz a felicidade humana se não existe a comprovação disso na História?

Nem sequer os direitos sociais de gênero são capazes de abalar a tranquilidade da supermachista sociedade japonesa.

Onde está o modelo de sociedade baseado em arranjos sociais se a economia é o fator estrutural?

Ponto para Karl Marx.

O elemento econômico é estrutural pra qualquer sociedade.

Todo o resto é subestrutural, para usar a terminologia marxista, a economia é superestrutural, e o estado é a estrutura.

O Valor da Democracia

Este ensaio não foi produzido com a intensão de explorar o tema proposto, é apenas uma viagem pela conceituação acadêmica sobre o sentido do termo democracia, sem a preocupação de buscar um nexo exegético dos três autores indicados, ao contrário, tentei experimentar combinações ousadas dentro de um pretexto, concernente às concepções consagradas na literatura, que serve apenas de fundo para este exercício insipiente, limitado menos pelos meus poucos recursos intelectuais do que pelo meu entusiasmo.

Introdução

Dentro da concepção moderna de formas de governo na História política as duas formas de Estado moderno, segundo Maquiavel, se dividem ou se denominam ou monarquia ou república; em vista disso, a democracia se afina melhor com a república, por isto é que os governos populares são chamados repúblicas ao invés de serem chamados democracias.

Na sua obra intitulada "República" o filósofo Arístocles, apelidado Platão, diz da democracia `Nasce quando os pobres, após haverem conquistado a vitória, matam alguns adversários, mandam outros para o exílio e dividem com os remanescentes, em condições paritárias, o governo e os cargos públicos, sendo estes determinados, na maioria das vezes, pelo sorteio...,` que, segundo Platão, `

...*A democracia é considerada a menos boa das formas boas, e a menos má das formas más de governo...'*, '...

Sob todo aspecto é fraca e não traz nem muito benefício nem muito dano, se a compararmos com outras formas, porque nela estão pulverizados os poderes em pequenas frações, entre muitos.

Por isso, de todas as formas legais esta é a mais infeliz, enquanto que, entre todas as formas que são contra a lei é a melhor.

Se todas forem desenfreadas é a democracia que há mais vantagens para viver; por outro lado, se todas forem bem organizadas, é nela que há menor vantagem para se viver. `

O Tema Para distinguir melhor a república da democracia, Maquiavel lembra que podem existir tanto repúblicas democráticas como podem existir repúblicas aristocráticas e mistas (como a república romana, para ele, um exemplo perfeito), pois a característica principal de uma república que a distingue da monarquia é que na república o governo não está concentrado nas mãos de um só soberano, como na monarquia, mas, é dividido e distribuída variadamente entre muitos diversos órgãos e colegiados que podem, inclusive, oporem-se entre si, os quais hoje formam as bases da democracia moderna, num arranjo de controles recíprocos entre os diversos poderes, definindo-se como uma policracia, ao invés de uma monocracia; resumindo: uma república não é necessariamente democracia, apenas revela-se como uma forma de governo não autocrática que procura dentro de si as bases de uma democracia latente que se oponha, formalmente ao despotismo.

Assim, a república dos antigos era uma democracia direta, e, censitária, ou seja, uma democracia elitista, antimonárquica, concreta porque os cidadãos eram livres de constrangimentos ideológicos à sua liberdade política, na qual a propriedade da terra, que formava a base da opressão/poder era marcada de modo a determinar o acesso ao exercício da cidadania, eram excluídos deste sistema político social as mulheres (50%), os escravos (40% da população), os estrangeiros e os proletários/excluídos socialmente) então os cidadãos assim contados seriam entre 5% a 20% de todos os indivíduos. (Demo = distrito, cracia = governo; se reuniam pequenos grupos na ágora - a praça pública - onde os oradores tentavam inflamar os corações e disputar as opiniões, nem sempre lógicas, e quase sempre demagógicas, segundo Platão).

A Liberdade

Na passagem para a era moderna há uma distinção de Benjamim Constant acerca do valor da liberdade entre a dos antigos e a liberdade dos modernos.

Nos antigos eram: a sociedade e a cidade os fundamentos, nos modernos temos: o indivíduo e o Estado como os fundamentos; no Estado moderno liberal, o indivíduo busca ficar cada vez mais livre do Estado por meio do que se chama de liberdades civis e políticas, nas quais o custo destas liberdades tem como o preço a diminuição da participação direta dos cidadãos na formação das leis no corpo político, assembleias legislativas, formando então o novo Estado liberal em troca do poder que tem de representar indiretamente a vontade popular, e por isso mesmo, para não tornar-se novamente despótico e autárquico por causa desta procuração passada pela sociedade civil para agir em seu nome é compelida, pela sociedade civil, a reduzir ao mínimo as suas prerrogativas de poder e garantir, minimamente, os direitos fundamentais de seus representados, com são os direitos de: liberdade de pensamentos, religião, de imprensa, de opinião, de reunião, de manifestação política e de ideologia, e até mesmo para se opor ao próprio governo, tese com a qual se alinham Tocqueville e John Stuart Mills, onde os representantes do povo devem ser eleitos pelo povo para fazerem as leis e para governarem em nome dele, substituindo desta forma, a ação direta de todos os indivíduos que formam a sociedade civil cujos membros, àqueles indivíduos a quem são reconhecidos os direitos políticos de votarem na escolha de seus dirigentes e representantes na assembleia representativa ou parlamento, poder serem também eleitos.

Então esta liberdade moderna de poder fazer ou de não ser obrigado a fazer algo senão em virtude da lei constitui a liberdade civil, que tanto é maior quanto menores são as restrições impostas pelo Estado aos indivíduos, consistindo esta liberdade de fazer aquilo que não esteja explicitamente proibido, na liberdade negativa frente ao poder coercitivo do Estado, em oposição à chamada liberdade positiva que destaca a liberdade política, que é, além de poder adquirir os direitos políticos que permitem a participação dos cidadãos nas eleições, tanto para manifestarem o seu pensamento ou opção através do voto, como também indo além desta simples manifestação de vontade podendo ser candidato à eleição tanto para ser representante do povo no parlamento ou na assembleia, quanto para dirigir o Estado através de um mandato executivo, desse modo, adquirindo, o cidadão, a capacidade jurídica para decidir, ele mesmo, em nome de todos, apenas legitimado com o consentimento da vontade da maioria, cuja soberania popular caracteriza o verdadeiro Estado liberal, aquele capaz de garantir não apenas este como todos os direitos minimamente fundamentais, e não apenas para uma facção da sociedade, mas, para todos, irrestritamente, que adquirem os direitos políticos de cidadãos reconhecido pelo Estado e nascido da vontade autônoma de cada cidadão, que assim formam, com o Estado e o seu sistema jurídico, o corpo político liberal.

As Formas de Democracia Dentro da concepção de democracia é possível discutir formas diversas; quando democracia é analisada em sua essencialidade substantiva, em lugar da comportamental, é possível associá-la às ideologias e formas de governo que tinham, no primeiro instante, conteúdo essencialmente antiautocrático no sentido comportamental, desse modo, essa compatibilidade é possível através da consideração de determinados valores de orientação democráticas, como por exemplo, os comportamentos que optam pela solução pacífica ou negociada de conflitos, sem violências de ordem institucional, moral, ética, sob tolerância e dentro do estado de direito, com revezamento no poder, com regras e atitudes legitimadas pelos grupos que se contrapõem na arena política em busca de representatividade de todos os segmentos da sociedade civil que adquiriram o direito de verem representadas pelas assembleias parlamentares, que, no geral, constituem assim as regras universais de procedimentos democraticamente corretos, tais como: legislativo eleito diretamente ou indiretamente pelo povo, chefe de Estado ou colegiado executivo eleito também pelo povo diretamente ou indiretamente, para garantir um mínimo de condições a que os cidadãos que adquiriram os direitos políticos possam exercê-los sem constrangimentos para poderem eleger e serem eleitos para qualquer cargo e em qualquer eleição sem distinção de raça, religião, censo e sexo, e, que cada voto tenha o mesmo valor, votando cada um livremente segundo o seu próprio juízo o mais livre possível tanto quanto os partidos políticos e que, realmente, exista alternativas reais e capacidade de alternância no poder com opções para os eleitores, sem bloqueios e pré-seleção de alternativas, que impliquem na restrição da escolha, e, que a maioria seja legitimamente reconhecida, sem maquinações que desvirtuem os resultados e a manifestação majoritária da vontade dos eleitores de modo que nenhuma manifestação de alguma minoria venha limitar, se sobrepor ou anular a manifestação da vontade da maioria.

Estas regras mínimas garantem uma democracia substancial, se cumpridas em sua totalidade, uma vez que o resultado delas é o exercício político do poder equanimemente representado e exercido de modo controlado pelos representados, na pessoa do seu representante legitimamente incorporado ao cargo de dirigente máximo do Estado, cuja sociedade política exerce suas prerrogativas executiva e legislativa de acordo com as expectativas daqueles a quem representam, e não apenas formalmente fazendo apenas o mínimo que os seus representantes tolerariam antes que o regime entrasse em confronto com os anseios democráticos da maioria, agindo assim, a sociedade política estaria no limite crítico entre a autarquia e a democracia: esta última, a democracia formal, que apenas preocupa-se com o sentido conotativo da democracia sem, no entanto, pretender estendê-la até os limites da soberania popular, que deveria representar como o seu legítimo procurador, em nome da ordem democrática. Portanto, na democracia substantiva, subsistem os ideais de igualdade enquanto ideais de igualdade, enquanto que na formal sobressaem os meios de manter a ordem social de modo a fugir dos métodos autocráticos, independentemente de qualquer outra finalidade inerente à estes atos: portanto conclui-se que não existe democracia substancial que não seja também formal, porém a recíproca nem sempre é verdadeira.

Liberalismo e Socialdemocracia

A democracia também frequentou as preocupações de Karl Marx à despeito das suas principais obras serem predominantemente voltadas para os problemas estruturais da sociedade burguesa, quando fez menção à questão da representatividade na democracia burguesa, num momento histórico em que o direito ao voto ampliava-se para classes cada vez mais populares, na segunda fase liberalista, através do sufrágio universal, que veio impactar fortemente o efervescente movimento operário socialista, este fato não foi devidamente captado pela corrente mais ortodoxa que teve em Lênin o símbolo mais visível, por motivos históricos contingenciados pela revolução socialista na ex-URSS, em que ficou, pela primeira vez na história, conhecida uma revolução de classes com um objetivo e um projeto político democrático no sentido político substantivo, cuja etapa pioneira iniciada por Lênin previa, em primeiro plano, um esquema revolucionário centrado num partido único em que a cabeça de ponte seria o Estado soviético guiando, conduzindo e expandindo o socialismo para que na fase seguinte, a fase mundial, o Estado sucumbisse ao comunismo sem fronteiras, aí sim, a democracia substantiva.

O governo para condução desta revolução, proposto por Lênin, seria a principal fonte de polêmica entre os chamados revisionistas e ortodoxos do comunismo, onde os revisionistas interpretam o marxismo de transição em lugar do revolucionário que recoloca a democracia como o centro da ação histórica, resultado de sua visão sobre os fatos sociais novos que surgiam na esteira do movimento operário europeu inclusive sobre a questão da direção política institucional dos rumos da revolução soviética quando da discussão sobre o princípio da ditadura do proletariado, que, antes uma proposta política aberta ao debate, assume com Lênin uma forma fechada de questão doutrinária sob controle do partido único, nascendo aí o "modelo soviético" de "Estado operário" o leninismo, modelo que contestado pelo seu afastamento formal da democracia substantiva abriu o debate na seara socialista para a disputa com a social democracia, a qual não abriria mão do processo de condução inerentemente democrático fulcrado no sufrágio popular como regra para a transformação da sociedade, onde a democracia proposta como valor universal não transige com chicanas precárias que pudessem atalhar o caminho da história em direção ao socialismo, isto é: meio e o fim do processo seriam necessariamente conduzidos democraticamente tendo o sufrágio como método, criando um vínculo único entre o socialismo e a democracia: erro trágico de Lênin que conduziu os bolcheviques à derrotas crônicas do movimento operário internacional.

Considerando que a perspectiva histórica torna os fatos mais claros do que a visão contingenciada e necessária do momento revolucionário candente vivido por Lênin, que para conduzir o processo revolucionário inédito teve que resolver questões práticas sobre constituição institucional da superestrutura, num momento que o Ocidente armava-se para guerras, as rivalidades étnicas e nacionalistas pareciam colocar distante no tempo o ideal socialista de democracia sem fronteiras, sugerindo uma opção imediata para a neutralização das reações contra revolucionárias.

Este abandono discutível da reflexão sobre os métodos revolucionários criou um paradoxo conhecido como "um passo à trás e dois para a frente", que confundiu os pensadores marxistas e criou um precedente onde a prática assumiu as rédeas, sem esperar pelo desenvolvimento dos debates teóricos sobre o tipo de ação adequado face ao dogmatismo extraído do legado marxista.

Os Valores Democráticos e Liberais

O resultado deste processo histórico é a convicção e a unanimidade existente hoje sobre o tipo e da orientação democrática para a condução dos encaminhamentos e equacionamento da forma de luta, do dever ser, para a construção de uma nova sociedade eminentemente democrática, afastando as alternativas antidemocráticas, os regimes de exceção e as formalidades instrumentais em uma visão democrática periférica e mediata, saindo da estreiteza desta visão para a discussão da preparação dos pressupostos políticos, econômicos e ideológicos que abririam o caminho que tornaria possível a consolidação substantiva da social democracia.

A discussão sobre a democracia como valor universal conduziu à uma divisão entre democracia real e a ideal, sendo a primeira condicional, adjetiva, sujeita à contingências históricas e à injunções de classe no sentido marxista, ou das elites de Robert Michells; a segunda, a democracia mesmo sem condicionantes, com uma universalidade que paira sobre todas as definições facciosas e reducionistas que tendem sempre a se confinar na superestrutura e submeter-se aos arcabouços teóricos dentro de determinados paradigmas avessos à totalidade social e cultural intersubjetivas, as quais seriam falsamente objetivas, posto que baseadas em pressupostos aparentemente autônomas, os quais foram derrotados historicamente pelo processo inelutável da ditadura implacável dos fatos.

A percepção da coincidência dos procedimentos entre a democracia liberal e a processualística da social democracia tem mostrado que, embora com objetivos intrinsecamente diferentes, as práticas de ambos os lados dialeticamente opostos, não obstante por motivos diferentes, preconizam o fim do Estado, - para um deles, um estorvo regulamentatório excessivamente infiltrado nas atividades econômicas; para o outro, uma instância à serviço da burguesia capitalista para a proteção da propriedade privada através dos aparelhos privados de hegemonia, que pressupõe uma superestrutura totalmente construída para a opressão da classe proletária; outro ponto de coincidência de fins foi o processo de ampliação da soberania popular com a universalização do sufrágio levando até a classe proletária todos os direitos civis formais da democracia, abrindo, à esta classe, o acesso democrático ao poder, ao saber, ao parlamento, aos postos burocráticos da superestrutura, ganhando cada vez mais os espaços privativos classe política tradicional; autonomia aos sujeitos políticos coletivos, ampliação dos espaços aos movimentos de massa e a legitimação do consenso majoritário nascido da soberania popular, e garantido pela livre manifestação dessa vontade.

A diferença entre os sujeitos políticos coletivos de ambos os lados é que do lado liberal os sujeitos seriam atomizados em suas autonomias cuja harmonização e coordenação entre eles deveria se dar, automaticamente, pelo mecanismo místico da "mão invisível" de Adam Smith; do outro lado, deixa-se a concepção atomista que se transforma em pluralismo de organismos de massa através do processo hegemônico de integração intercoletiva, pela articulação das grandes assembleias eletivas, para assegurarem a participação das massas no Estado, ocupando cada vez mais posições hegemônicas na sociedade política, evitando cair na tentação da ação revolucionária, via de acesso falsamente atraente, mas que tem o trágico e certo histórico de desfecho desastrados, truncando o processo de base popular pela via superior de direção da transição pelo alto, que outra coisa que outra coisa que outra coisa não é senão a o acordo intraelites (cooptação dos quadros, dos procedimentos e projetos da oposição), a real antissocialização da política, seja da esquerda ou da direita.

Conclusões

A sociedade liberal atual já não responde politicamente aos problemas da sociedade civil com a mesma velocidade e a amplitudes necessárias às correções exigidas pela instabilidade imanente ao sistema capitalista, esta falta de responsividade é mais grave quanto mais grave se mostram as crises e as soluções liberais parecem completamente esgotadas, então, o estoque de soluções mágicas vai perdendo o encantamento, aprofundando nos indivíduos o sentimento de abandono e de desorientação, já perdidos os parâmetros mínimos em torno dos quais deveria ser buscado os equilíbrio, aumentando cada vez mais a perplexidade dos políticos, que ao final de cada crise vê surgir um novo ciclo diferente dos anteriores, desafiando cada vez mais a lógica liberal, confirmando a tese marxista que já vaticinava a tendência de autodestrutividade imanente ao sistema liberal capitalista; então, a sociedade, preconizava-se, será superada por outro tipo mais humano (expectativa sem resposta), com mais ênfase a uma política das massas, que prescinda dos aparelhos políticos privados de hegemonia (Antônio Gramsci), que seja fundamentada na democracia substantiva sem uma supremacia de qualquer instituto político que não as massas, cujo único instrumento não seja apenas o voto.

Estas massas estão ávidas por um tipo de contrato social que, ao invés de proteger as propriedades privadas, proteja a liberdade, a democracia, a vida, onde a economia esteja senão subordinada, ao menos, ao mesmo nível da política, numa sociedade menos individualista e autônoma mais solidária e interdependente, mais Kulla & Potlach, e menos mercado, uma sociedade que nunca existiu de fato, exceto nos sonhos de utópicos humanistas, pois parece cada vez menos confusa a ideia de que o advento da propriedade privada destruiu definitivamente as estruturas sociais primitivas e impediu que estruturas sociais maiores do que famílias fossem construídas de modo estável, não tendo as estruturas coletivas de solidariedade social tradicionais e primitivas encontrado ainda um substituto capaz de cimentar as relações comunitárias sem o recurso da tradição, do místico, do transcendente, do demiurgo, do incognoscível, do incognitivo ou do super orgânico, como nos ensinou a dolorosa experiência socialista na Ásia e no Leste Europeu, onde o apelo à solidariedade mecânica, à unidade na diversidade, à cumplicidade dos oprimidos não foi suficiente para coatar o cimento social, o que se viu foram agentes autônomos inertes, incapazes de ações conjuntas em prol do objetivos comuns com uma estratégia que fosse de longo alcance, algo que fosse além de seu horizonte, limitado pelas perspectivas imediatistas de sobrevivência, sem objetivos, num processo crônico de reprodução do ciclo vicioso de miséria intelectual e material, o qual cria um labirinto difícil de ser rompido sem um choque traumático, então essas massas inertes, não raro, são vítimas fáceis de lideranças messiânicas, cujo manancial de inventividade, perversamente criativo, se haure da esperança destes desgarrados e rejeitados da sociedade de massa.

Não que a competição não seja inerente à natureza agonística nostálgica e atávica reflexa de nossos antepassados remanescente no inconsciente coletivo, ao contrário, a natureza humana pode ser atiçada ao limite infinito, então a sociedade fundada nestes parâmetros cria nas massas uma falsa expectativa de que a linha de chegada para o sucesso está franqueada a qualquer indivíduo que a faça por merecer pelo seu próprio esforço para consegui-lo, os políticos propõem duas principais variantes: a da igualdade na linha de partida (políticas sociais compensatórias) e a da igualdade na linha de chegada (Políticas sociais estatizantes paternalistas); o que se procura é uma política na qual nenhum segmento possa ser excluído, que as diferenças sejam compreendidas como algo inerente e inevitável, porém administrável dentro dos padrões democráticos, para que os agentes autônomos ao invés de ficarem à mercê da "mão invisível" não caiam na armadilha do dirigismo estatal, então a racionalidade individual enquanto produza efeitos destrutivos por conta do efeito grupo (Mancur Olson), seja orientada para a ação comunitária dirigida no sentido da racionalidade coletiva, através do pacto coletivo entre os agentes autônomos, assegurando que cada um cumpra a sua cota solidária de sacrifício exigida para a manutenção da vida em sociedade, evitando que a omissão ativa de algum agente se transforme em lucro exclusivo em prejuízo do restante do grupo: ou seja; a solidariedade imposta pelo pacto social obriga a todos e não exclui ninguém.

Observações Finais

A falência dos agentes individuais autônomos foi decretada pela sua absoluta incapacidade de coordenarem ações construtivas ou antidestrutivas, quando entregues às forças do mercado, à sua própria sorte, entretanto, a alternativa do mercado esgotou-se no modelo liberal capitalista concentrador de mais valia e no seu equivalente socialista real centrado no Estado capitalista concentrador de mais valia e totalitário, que perdeu-se no emaranhado doutrinário quando optou pela via revolucionária de transformação da sociedade, aparelhando as suas instituições públicas e privadas, provando irrefutavelmente a impossibilidade de se constituir uma sociedade mais humana através de métodos desumanos, pois assim como ***<u>não se faz a omelete sem se quebrarem os ovos</u>***, não se faz a omelete atirando os ovos contra a frigideira quente, ou seja, um tronco de árvore é mais racionalmente utilizado e melhor aproveitado se cortado com uma motosserra nas mãos de um lenhador perito ao invés de arremessar as lascas de madeira para todos os lados furiosamente com um machado cego nas mãos de um lenhado enfurecido.

Os problemas da sociedade precisam ser manipulados com a acuidade de um especialista que saiba bem o que faz, que conheça os efeitos colaterais das alternativas propostas para os equacionamentos, que tenha a flexibilidade e a agilidade necessária para responder às mudanças da sociedade e que acomode as suas decisões a um projeto de longo alcance, sempre na perspectiva democrática, publicizando o processo de tomada de decisões para encurtar cada vez mais as distâncias entre a decisão e a resposta do sistema social às implementações esperadas das soluções.

Finalmente

O valor da democracia transcende aos sujeitos individuais e vai além do coletivo de onde haure a sua legitimidade.

Aqui o valor resulta da intersubjetividade e tem o sentido da socialidade, universalidade, consciência e liberdade, portanto, o valor não cai no âmbito interno da individualidade do utilitarismo, ao contrário, distinguir o caráter da generalidade do homem, algo que seja uma categoria social cuja objetividade pressuponha relações sociais que contribuam para o caráter universal que extrapola a gênese inerentemente substantiva da democracia como valor, fugindo ao nexo puramente formal entre a origem e a expressão denotativa dela, pois que este, como todos os conceitos e/ou dogmas tendem a criar vida própria descolada do fator etimológico gerador, completamente moldado pelas circunstâncias e injunções ditadas pelas condições materiais da história.

O progressismo, filho do conservadorismo, cindiu com ele e caminhou paralelo até o século XIX, para neste século ver falharem as tentativas das suas vertentes socialistas, nacional socialistas e liberal de concepção e criação de uma nova sociedade, para concluir dessa experiência progressista que o poder é o fator limitante do progresso político, deixando para trás a controvérsia massa-indivíduo (Vilfredo Pareto), surge uma nova visão de ação do poder, numa perfeita parceria, sem cair no determinismo ingênuo do Laisse / faire / passer, com o sistema lutando para reduzir as desigualdades sem no entanto tentar extingui-las (Tocqueville e Guizot), então, superada esta fase de hesitação e de perplexidade, renasce a consciência do universalismo, do internacionalismo latente nas pessoas, que já estão redescobrindo que a terra é uma só, onde os sistemas ecológicos se interligam e que este intercâmbio não exclui nenhum aspecto, quer seja geográfico, étnico, religioso, político, cultural e o resultado as ocorrências de quaisquer destes fatores em toda parte, afetam de alguma forma os demais países, além disso fica cada vez mais difícil, para uma só pessoa, produzir de modo independente e autárquico o seu trabalho intelectual, artístico ou laboral sem a participação social cada vez mais especializada do concurso concomitante de outras pessoas, quer seja diretamente ou indiretamente, conscientemente ou não, cumulativamente, interativamente ou consequentemente, é, portanto, um caminho de difícil retorno em direção à consolidação do trabalho social durkeimeano; esta contingência social traz a necessidade de um tipo novo de cooperação negociada ao nível dos indivíduos, criando um altruísmo compulsório que exclui a necessidade imediata de um mediador hegemônico ou de qualquer outro tipo de mediação soberana que deixe de consultar as prerrogativas dos atores passivos do sistema, em outras palavras, fica cada vez mais difícil uma alternativa que exclua a democracia.

Esta sim, um valor que sublima toda a história da civilização humana, que jamais abriu mão da luta por valores libertários e jamais aceitou passivamente como definitiva qualquer forma de servidão ou de escravidão, seja latente ou conspícua, o que amplia o sentido da democracia, porque chegados a este estágio atual da civilização, não há espaço para retrocessos; o máximo que pode acontecer é que um processo hesitante em torno destes ponto central, para formalmente assumir-se a democracia, e então iniciar-se uma nova etapa de compreensão da única discussão possível; o que se pode fazer daqui pra frente, que é discutir sobre o tipo de democracia que queremos e como administra-la.

A Maior Fraude Intelectual do Século XX

Qual seria a maior fraude intelectual do Séc. XX?

Como se pode fraudar toda uma civilização com um conceito sem comprovação factual no teste da História, na Sociologia, na Antropologia e na Geografia, sem medo de atropelar os métodos estatísticos e toda a metodologia investigativa?

Poderia se pensar que se tratasse de uma fraude religiosa?

Como se poderia construir uma releitura da História da humanidade com um conceito tão universal, absoluto, genérico, determinista como por exemplo insinuar e se imaginar que simultaneamente acontecera no mundo todo, em todo lugar geográfico e temporal um mesmo fenômeno cruel como se fosse, por exemplo, um fenômeno de uma única língua universal falada em todo o tempo da história da humanidade, em todos os pontos da geografia terrestre, em todas as culturas do mundo e ao mesmo tempo se tornasse durante milhares de anos um fenômeno naturalmente permanente?

Seria possível que tal fato ocorresse na humanidade durante mais de cinquenta mil anos de civilização e de pré civilização e que somente no séc. XX fosse percebido tal fenômeno?

Pela teoria da violação e contenção psíquica do inconsciente coletivo não existe saída possível para a prisão de consciência coletiva.

Este fenômeno é observado quando por exemplo dentro de uma prisão de consciência histórica não é dado para um ser humano enxergar outra possibilidade de se fugir do sistema feudal, uma vez que nunca existiu nem existirá outra alternativa ao sistema feudal seja para o servo, seja para o senhor, seja para o vassalo seja para o nobre, seja para o clero, uma vez nascido dentro deste sistema que durou 987 anos nenhuma chance teria o ser humano de mudar ou fugir de seu destino eterno enquanto vivo dentro da rede social.

Durante a Idade Média tudo o que o ser humano deveria saber lhes era informado por um intercessor do clero.

Obedecer sem questionar, ouvir sem meditar, viver sem propósito outro que servir a Deus e ao seu Senhor, submeter-se às ordens feudais clericais e nobiliárquicas.

Era cumprir com todas as obrigações, casar-se com quem lhes fora determinado, viver sem razão e morrer pela Ordem social determinística.

Quantos que desafiariam aquela ordem social de dentro dela não sobreviveriam nem para o registro histórico, as lutas internas eram travadas para ocupar as vagas nos cargos vitalícios que eram criadas por morte ou falecimento dos seus ocupantes doadores de postos, ou pela fraude, ou pelo assassinato entre nobres e clérigos, assim se reproduzia a ordem feudal.

Na ordem feudal apenas um pequeno grupo de intelectuais da burocracia e os sacerdotes eram dotados do privilégio de examinarem os pergaminhos e assim passavam os segredos da escrita e da leitura para os seus herdeiros, um apenas escolhido para ser o aprendiz dos segredos dos pergaminhos, certamente um em cada vinte mil, cinquenta mil, ou cem mil indivíduos sabia ler e escrever.

Os pergaminhos eram escritos à mão e copiados por quem pudesse pagar somas estratosféricas pelos exemplares autênticos, assim a literatura antiga e medieval sobreviveu até o início da Renascença quando Gutemberg criou a primeira imprensa editora mecanizada na Europa, popularizando os livros para o Ocidente.

O mundo medieval era um mundo fechado em feudos, sem circulação de moeda, sem circulação de mercadorias, sem circulação de produtos, sem circulação de pessoas, sem circulação de ideias, sem circulação de novidades, então nada mudava naquele mundo.

Como poderia alguém produzir um comportamento diferente daquilo que era a expectativa do seu mundo limitado? Como poderia um menino muçulmano pensar diferentemente das expectativas únicas que lhes foram apresentadas desde o seu pequeno e contingente mundo?

Fora do seu sistema de crenças este pequeno muçulmano não tem referências sociais, não tem família, não tem outras crenças, não tem amigos, não tem raízes e seria um estranho fora de seu mundo muçulmano.

Era um mundo sem noites, onde ao findar a luz do dia nada mais acontecia até que o sol voltasse a iluminar.

Era um mundo onde as notícias não circulavam em redes de rádios, jornais, televisão, internet, fax, somente cartas para quem sabia ler, onde as novidades eram anunciadas nas praças em voz ao vivo, por não existirem amplificadores de som, nem alto falantes, nem telefone, nem smartfones, nem redes sociais como o facebook ou whatsapp, como era difícil a comunicação naqueles tempos de transporte a navios a remo e vela, e carruagens a cavalo.

Assim, sem contextualizar e sem qualificar o tempo antigo e as dificuldades de circulação de ideias e de informações, um mundo onde a escola pública somente foi inventada pelos gregos somente quinhentos anos antes de Cristo apenas para 5% a 10% dos cidadãos que era uma categoria que excluía as mulheres, os escravos, os estrangeiros e os despossuídos.

Assim naquele mundo cego, surdo e mudo, onde os privilegiados eram as elites nobres, clericais e dos senhores de terras analfabetos como os demais, falar em discriminação apenas de gênero é uma extravagância intelectual, onde a escravidão e a servidão somente desapareceram da humanidade quando a força produtiva humana foi superada pelas máquinas a vapor e elétrica da Revolução Industrial da segunda metade do Séc. XIX na Inglaterra, depois na Alemanha e por fim o restante da

Europa, mas mesmo assim a Revolução Industrial criou a servidão do proletariado industrial que somente teve os direitos trabalhistas reconhecidos com o Socialismo e o Marxismo revolucionário.

Karl Marx dedicou toda a sua vida a examinar a desigualdade e a injustiça social dos operários e camponeses na RI, mas nem ele (nenhum outro estudioso, homem ou mulher) descobriu ou questionou qualquer desigualdade de gênero na sociedade: sofriam igualmente os proletários, as proletárias, os operários e operárias nos centros industriais que transformavam a mão de obra aviltada em insumos industriais que a partir do exército de mão de obra ociosa extraía a mais valia do trabalho aviltado explorando inclusive e principalmente a mão de obra infantil e juvenil, impiedosamente, nas piores condições de que jamais sonhou um senhor feudal ou que imaginou um senhor de escravos.

Trabalhava-se sem interrupção até a exaustão, ou até que alguém adoecesse, morresse ou desistisse.

Assim foi o lado humano da Revolução Industrial em Liverpool ou qualquer cidade industrial europeia.

A Fraude

De onde se enxergou os privilégios de gênero que as feminazistas acusam o lado masculino da humanidade de lhes ter negado o espaço no mundo dito machista, senão pela própria inapetência da própria mulher gênero em disputar um espaço miserável nas favelas das fábricas de Liverpool, senão fosse a capacidade mais restrita de trabalhar 20 horas seguidas, que era a única exigência para se disputar um lugar na luta do trabalhador da cidade ou no campo, se ela poderia vender outro produto mais valioso do que a sua mão de obra?

A sua beleza, como sempre fez.

Não fosse o testemunho de Taj Mahal, e outros testemunhos veementes e casos inolvidáveis da História, quase que essa peça de ficção sobre a desimportância da mulher que ganhou reverberação insólita e inexplicável, inusitada sobre a falsamente havida como a desvalorização do feminino na História da humanidade que quase destruiu de vez a relação entre as pessoas, independentemente do gênero politicamente correto.

Taj Mahal testemunha a paixão de um nobre Indiano por uma mulher, o amor tão grande que imortalizou a sua amada no mausoléu considerado como uma das oito maravilhas da arquitetura mundial.

Construído entre 1630 e 1652 em Agra na Índia apenas para mostrar o imenso amor do Marajá Shahdjaham a uma única mulher da sua vida que amou mais do que a si mesmo.

Sua esposa favorita homenageada chamava-se Aryumand Banu Begam, a quem chamava carinhosamente de Mumtaz Mahal.

Outro caso evidente de amor insondável desencadeou a guerra do Tróia, mas faz parte mais da mitologia grega do que da História.

Ocorreu entre 1200 ac e 1300 ac.

A princesa Helena fora raptada pelos inimigos de Troia os Aqueus.

Aconteceu que estando em visita à Esparta, Páris filho do rei Príamo de Tróia se apaixonando por Helena resolveu raptá-la, então mais de mil navios foram enviados para resgatá-la.

Outros casos de amor histórico foram as odisseias de Nefertiti e de Cleópatra.

Cleópatra seduziu um imperador romano, e ao mesmo tempo o faraó egípcio, ano de 50 Ac. Marco Antônio, o romano, e Ptolomeu XIII o faraó egípcio.

Antes de entrar em considerações sobre relações intergêneros é bom lembrar que somente tinha acesso à uma boa esposa quem pudesse pagar com dotes que variavam de acordo com a beleza da dama a ser conquistada.

Esse hábito, ainda muito comum na África, pode deixar muitos homens solteiros por não possuírem bens materiais para desposarem suas amadas, bens que podem ir de algumas reses até milhares de cabeças de gado, e milhares de hectares de terras.

Onde andou aquele discurso nazista de que a mulher sempre foi um objeto sexual desprezado e menosprezado sem importância do mundo masculino, se os homens nunca foram trocados ou desejados como consortes a troca de bens para serem cobiçados, este privilégio sempre coube à beleza representada pelo ideal feminino?

Apenas do valor que dispunha o operário, que era a sua mão de obra aviltada era comprada por hora de trabalho febril, era vendida a única mercadoria de que dispunha o operário espoliado, segundo a linguagem marxista, o proletário era explorado pela mais valia do único insumo que interessa ao capitalista industrial ou capitalista rural: o seu tempo.

Foi nessa ocasião que mais uma vez a mão de obra masculina se mostrou mais produtiva que o sistema social passou a valorizar mais e a pagar mais pela aquela mão de obra em função da produtividade, com menos interrupções, maior força e mais capacidade laboral, era natural que as crianças e as mulheres fossem menos requisitadas no mercado de trabalho.

Aconteceu recentemente na China Comunista onde a restrição de um único filho por casal determinou naturalmente que os pais quisessem um menino em lugar de menina por este representar uma maior garantia de segurança para a velhice dos seus próprios pais.

Sem este discurso ideológico de gênero a sociedade através dos séculos acomodou os papéis sociais de gênero de acordo com as determinações socioeconômicas que historicamente e naturalmente em todo o canto determinaram um papel duplo para o sexo feminino no mundo laboral, nem inferior, nem superior, apenas papéis: o homem vendia apenas a sua mão de obra; a mulher poderia competir fazendo o trade off entre a sua mão de obra, ou, algo de maior valor do que a mão de obra: sua beleza.

Pelo maior valor a beleza feminina deixou em segundo plano no mercado de utilidades a sua força de trabalho feminina.

Apenas questão de custo benefício e custo de oportunidade, produto de oferta inelástica sem substituto e sem reposição.

A beleza feminina.

Novamente veio resgatar a mão de obra feminina a tecnologia da terceira revolução industrial, onde o setor terciário isolou os fatores masculinos como a força e a resistência física como fatores determinantes da produtividade no mercado de mão de obra.

A telemática, os computadores, a organização, os sistemas de informações gerenciais e os serviços financeiros dominaram as principais atividades econômicas deixando aos setores secundários e primários da economia, com exceção do setor petrolífero, a primazia da locomotiva dos Estados modernos.

Assim, depois dois últimos século e meio de trade off entre a oferta da beleza feminina e a oferta da mão de obra feminina o discurso se acirrou em torno da questão do gênero, então veio a fraude intelectual grande qual seja de transformar uma escolha natural de mercado da mão de obra em uma falsa questão ideológica, como se uma conspiração de gênero por simples preconceito, chamado de machismo, quisesse excluir as mulheres da sociedade produtiva por simples desejo dos machos conspiradores.

Assim, se construiu a maior fraude intelectual que se não for detida em tempo presente o será irremediavelmente numa revisão histórica num futuro intelectual honesto, quando passado o momento de choque inicial desse momento de confusão e de dissimulação e vitimismo, a maior de todas as falsificações históricas intelectuais da humanidade no século XXI será reconhecida como: o feminismo, ou o feminazismo.

Antes da terceira onda de revolução a mão de obra masculina competiu sem competidores à sua altura, mas agora não: pela primeira vez na história da civilização não existe vantagens entre os gêneros.

Assim se esvazia o discurso feminista de ideologia de gêneros, uma vez que o efeito demonstração da mão de obra masculina, ocidental e branca dominou nas ciências, nas artes e nos desportos com a sua total hegemonia, e não apenas de gênero masculino: mostrou a sua superioridade étnica os habitantes das altas latitudes frias.

Com o capitalismo da terceira onda da revolução industrial, que corresponde às máquinas robotizadas, programadas, aos computadores, aos sistema econômico centrado no setor terciário, os serviços ganhado destaque na economia resultando na maior migração dos campos para as cidades, com o esvaziamento dos campos, com o deslocamento da mão de obra bruta para os escritórios, para as lojas, para os bancos, para o comércio, para o setor financeiro, para o setor de saúde, para o setor de educação, para o setor de lazer e entretenimento, para o setor das artes e cultura de massa, cinema, teatro, produções industriais de livros, música, revistas, jornais, moda, nunca o setor de serviço na história da humanidade foi tão hegemônico com os meios de comunicação de massa como a televisão, a internet, sufocando completamente os setores primários e secundários, exceto alguns poucos nichos como o setor petrolífero e a extração de pedras preciosas, e do ouro.

A terceira onda sepultou o setor industrial de mão de obra intensiva substituindo o trabalho humano por robôs, e a mecanização da agricultura ceifou o trabalho nos campos.

Neste momento regras legais foram criadas impedindo a mulher de serem soldados, de frequentarem escolas, de estudarem, de se autonomizarem o que foi um erro estratégico, mas apenas consagrou os costumes de mais de cinco milênios onde pareciam acomodados os papéis de gênero pela cultura humana, sem contestação, das mulheres abertamente, o que evidencia que: ou a mulher era indolente, ou a mulher estava plenamente satisfeita com a divisão social do trabalho social.

Exceções haviam-na: as mulheres gregas da ilha de Lesbos; tribos matriarcais em diversos continentes; as amazonas guerreiras; Joana D'Arc; Rainhas europeias Antonietas em Portugal, rainha Isabela de Espanha; rainha Elizabeth em Grã Bretanha; princesas, rainha Vitória na Inglaterra; Faraós mulheres como Nefertiti e Cleópatra do antigo Egito.

Nenhum estatuto impediu que estas mulheres fizessem o que fizeram ou o que foram. Não foi um privilégio.

O macho carregou a humanidade nas costas nos piores momentos da preservação da espécie humana garantindo a sua sobrevivência e prosperidade.

Assim, a mulher despertou para o mercado de trabalho, mas o encontrou dominado pelos machos, nasceu neste momento o womem lib's, movimento de igualdade no mercado de mão de obra apenas no setor terciário, de serviços, uma vez que nunca houve reivindicação feminista para ocuparem os postos de trabalho do setor pesado, primário e secundário, ainda hoje se nota uma ausência barulhenta da reivindicação da mulher por estes postos de trabalho não apenas nos setores primário e secundário, como também nas áreas mais áridas do setor terciário se nota a ausência de reivindicações feministas nas engenharias, nas competições árduas dos esportes como o boxe misto (homem versus mulher), luta livre mista, motocross, motovelocidade, corridas de monopostos de alto desempenho como Fórmula um, Indy Car, e tanto quando se busque áreas de alto risco e grande energia física.

Por quê?

Nas altas latitudes nos países frios criou-se as condições geográficas para surgirem os ganhadores principais premiados nos Nobel em todas as categorias, e não excluem os gêneros apenas, excludente geográfica dos habitantes dos trópicos e do equador, indicando um determinismo geográfico.

A simplificação e o reducionismo ao fator gênero foi o maior de todos os erros ideológico das feministas porque não encontra nenhum respaldo na história a não ser na raiva e no rancor em não poderem explicar a indolência e o acomodamento delas mesmas aos fatores trade off de ofertas de comodidades em tendo que ofertar entre dois produtos concorrentes: a sua mão de obra ou a sua beleza feminina, as mulheres em sua maioria, não teriam a opção da beleza.

Por ter a beleza um valor muito acima do valor da mão de obra que pudesse oferecer, isto por si estabelece um trade off tendente a ser desequilibrado e radical, por isto mulheres inconformadas em não terem o fator beleza física ou não se dispor a oferecerem a sua beleza física no mercado de comodidades derivaram o vitimismo em relação à história sofrida dos machos que lutaram desde os tempos das cavernas pela sobrevivência da espécie dos homo sapiens, duramente lutando com espadas, lanças, arco e flecha, labutando com machado, marreta e com as mãos calejadas e feridas, e sem obterem ainda assim o reconhecimento das feministas tão justiceiras. ***beleza física significando: atração física, rosto bem equilibrado, corpo esbelto, atraente, boa saúde, cabelos bem cuidados, boa fama, juventude, pele bem cuidada, boa apresentação, etiqueta social, simpatia, discrição, delicadeza, docilidade.

É nas guerras que os países sacrificam-se até o seu limite mostrando todo o seu potencial e fazendo o máximo do que são capazes, nestas circunstâncias o que conta é o tamanho, a quantidade e a qualidade do material humano, uma vez que as armas, assim como as máquinas, são apenas artefatos utilizados para exponenciar o esforço humano.

Confrontação Militar Entre os Conglobados: As Grandes Batalhas

A história das guerras, segundo os grandes estudiosos dessa matéria militar, tem sido uma repetição monótona de um mesmo fenômeno que com raríssimas exceções só confirmaram a regra indiscutível da qual não se pode fugir, qual seja, a regra da vantagem numérica no lugar e no momento oportuno para que a vitória seja alcançada.

Variações desta regra existem e são

representadas pelos modelos matemáticos mais complexos dentro do mesmo princípio cuja diferença consiste na dinâmica do processo de entrada e saída simultânea dos combatentes do cenário de guerra, que na verdade é o mais comum, pois a mobilidade do efetivo militar é um elemento que dá dinâmica à composição logística numa batalha.

Para se conseguir a vantagem da velocidade maior do que a do inimigo na reposição da baixas no campo de batalha é que se faz sentir o peso do sistema.

É preciso ter atrás da linha de frente uma população numerosa, ideologicamente motivada e os meios materiais e humanos para poder fazer chegar numa velocidade maior do que a do inimigo a reposição da linha de frente, para que o combate seja ganho.

Mas, e as armas? Ora, as armas são como as máquinas em geral, artefatos construídos com o objetivo de multiplicar e às vezes exponenciar o esforço humano, portanto, estes devem ser contabilizados como um equivalente-tropa quantitativo acrescido pelo fator multiplicador dos recursos que a máquina dispõe e de informação útil aplicados no esforço de efeito multiplicador das forças de combate representadas em homens-tropa os quais sejam capazes de potencializar o esforço humano, mais o conhecimento de cada indivíduo que vale o capital humano, portanto, resumem-se estes elementos e fatores estratégicos mais importantes ao quantitativo de combatentes-equivalentes de cada lado do cenário de guerra, já considerados aí toda a tecnologia que vai agregada aos artefatos militares, como fator de multiplicação do número de combatentes, assim um cavalo pode ser o equivalente a vinte homens, um caminhão a cem, um veículo blindado a trezentos homens, um avião de ataque a dois mil homens, um submarino a dez mil homens, um helicóptero de ataque a três veículos blindados, um míssil com navegação automática via satélite com sistema autônomo de guiagem do tipo dispare-e-esqueça pode valer meio avião de caça, a informação sobre os planos do inimigo pode valer vinte mil tropas, e assim por diante...

Para vencer uma batalha, portanto, é preciso superioridade numérica e é só isso o que importa.

O conglobado é a basicamente o resultado da associação de elementos humanos num mesmo espaço-tempo, sob uma coordenação, com objetivo comum, instrumentos e meios para executar o plano definido pelo comando, no caso, vencer a guerra.

Transportando este cenário belicoso para outras áreas não menos pacíficas da atividade humana, como por exemplo na luta contra o subdesenvolvimento, contra a fome e a miséria, na conquista de mercados para produtos e serviços, a tática escolhida, qualquer que seja ela, deverá considerar o fator quantitativo do efetivo de cada um dos lados, uma vez que o fator qualitativo é apenas uma medida do equivalente-quantitativo, ou seja, o potencial para reunir recursos numéricos para vencer o subdesenvolvimento, a fome, a miséria, a conquista de mercados e serviços nos quais os fatores: organização, administração e tecnologia são novamente contabilizados como elementos multiplicadores do número real do efetivo humano.

A maior descoberta da civilização, que foi a divisão do trabalho social, só foi possível graças as condições de crescimento nominal da população humana numa região determinada, que acabou acontecendo nos lugares que reuniam os recursos naturais em quantidades abundantes à sustentação de um incremento populacional.

Esta aglomeração humana precisava de um ordenamento para funcionar com prosperidade, e a despeito do aspecto administrativo, a concentração demográfica antes de constituir-se num problema poderia oferecer também uma série de soluções para facilitar e tornar mais confortável a vida das pessoas.

Isto as pessoas logo descobriram, através do mecanismo da divisão do trabalho social, como por exemplos: o marceneiro poderia descansar mais e produzir mais e melhor a sua mercadoria quando não precisava acordar de madrugada para colher o leite da vaca, bastava-lhe comprar o leite já colhido por outra pessoa que tinha como

atividade a coleta do leite, que trabalhava
para alguém que criava as vacas leiteiras, as
quais entregava para alguém que cuidava
da preparação (pasteurização, embalagem)
e distribuição do leite; assim começou a
ficar interessante a vida nas cidades, que
logo pontilhavam por todas as regiões,
trazendo em contrapartida uma série de
desafios e problemas que precisavam ser
equacionados, encaminhados e resolvidos,
muitos dos quais desafiam a inteligência,
criatividade, capacidade e habilidade dos
administradores urbanos.

Não obstante, as cidades continuam a
crescer sem parar. Porque as pessoas
insistem em migrar dos campos e das
cidades menores para as megalópoles?
Perguntam os irritados administradores,
habitantes e políticos das megalópoles.

A resposta é que as vantagens destes
aglomerados humanos superam as suas
desvantagens no sentido de reduzir o
esforço humano numa esfera muito além
daquela jamais sonhada, oferecendo
opções e recursos inesgotáveis, incontáveis,
imensuráveis, muito além da capacidade e
necessidades de simples sobrevivência,
criando demandas por serviços e produtos
para atender às demandas criadas pela
própria necessidade da agregação social
que cria as suas próprias regras, código de
conduta e comportamento típico de cidade
que só fazem sentido dentro do próprio
referencial do contexto urbano.

Cada cidadão sabe cuidar de si melhor do que qualquer político que queira faze-lo, cada cidadão sabe onde encontrar mais oportunidades e recursos para lhes proporcionar um melhor padrão de existência, onde o esforço de seja menor e a vida mais gratificante.

É o fator concentração de seres humanos numa área determinada que exponencia e viabiliza o esforço individual que vai além das necessidades de sobrevivência, e sem que notemos, torna possível até mesmo às pessoas que não trabalhem ou que sejam sub-empregadas um padrão de sobrevivência superior ao que teriam com as sobras do campo, vivendo com apenas as sobras do rendimento produzido pela cidade, gerados pelo processo de consumo destrutivo que resulta do processo de substituição e descarte das sobras não consumidas, ainda com valor de uso da classe consumidora.

Concluindo:

em sendo a guerra um evento crucial para uma nação, em que o único objetivo é terminá-la e vencê-la qualquer chefe de estado deve saber que não se começa uma guerra sem se dispor de uma superioridade numérica considerável, e, mesmo vencendo-a o número de baixas deve ser o mínimo possível, e se ele não puder reunir um efetivo tão numeroso quanto o do inimigo, deve ao menos dispor de uma quantidade de equivalentes-combatentes, os tais fatores multiplicadores já mencionados, de modo a poder compensar o número de que disponha o adversário, senão é pura bazófia!

Será que ele realmente tem o Pentágono 1.074 bases no exterior?

Nos crimes de postos militares americanos no exterior estão sob sua jurisdição criminal e civil exclusiva sob seu controle cerca de 52.000 edifícios e mais de 38.000 itens de infra-estrutura pesada como píeres, cais e armazenamento gigantesca.

Nick Turse *

Num parecer recente, o colunista do New York Times Nicholas Kristof fez uma observação incisiva: "Os Estados Unidos mantêm tropas em mais de 560 bases e outros locais no exterior, muitos dos quais são o legado de uma guerra mundial que terminou há 65 anos . Será que temos medo de que se tirarmos nossas bases de Alemanha pode invadir a Rússia ?. "

Durante anos, o falecido Chalmers Johnson, o homem que escreveu o livro sobre o império de bases militares, "The Sorrows of Empire", fez o mesmo comentário e apoiou-o com o estudo mais detalhado já realizado sobre o arquipélago de bases espalhadas por todo o globo.

Vários anos atrás, depois de cavar através dos próprios documentos acessíveis ao público Pentágono, Johnson escreveu: "Os Estados Unidos mantêm ativos militares 761" pontos "em países estrangeiros." (Esse é o termo que ele prefere o Departamento de

Defesa, mais do que a "base", no entanto,
que é o que eles são. Bases)

Recentemente, o Pentágono atualizou seus
números sobre instalações militares e outros
locais e descobriram que eles tinham
caído. No entanto, é uma questão de
interpretação ou não ter caído para o nível
avançado por Kristof.

De acordo com o Relatório sobre a Bases
Estrutura DoD 2010, os militares
americanos agora mantém 662 bases em 38
países ao redor do mundo. No entanto, é
preciso aprofundar o relatório e ver como
lacunas enormes começam a aparecer.

Um legado militar.

No momento, de acordo com dados
divulgados pelo Pentágono, a bandeira
americana voa mais de 750 instalações
militares americanas em países estrangeiros
e territórios norte-americanos no exterior.

Isso exclui as pequenas instalações no
exterior uma extensão inferior a 40 mil
metros quadrados e os valores que as forças
armadas americanas empregam em menos
de 10 milhões.

Em alguns casos, várias dessas bases são
agrupados e relatados como uma única
instalação militar em um determinado país.

Um pedido de esclarecimento foi feito para
o Departamento de Defesa não foram
respondidos.

O que sabemos é que nas acusações de postos militares americanos no exterior, ele tem o controle sobre 52 mil edifícios e mais de 38.000 itens de infra-estrutura pesada como píeres, cais, e tanque de armazenamento gigantesca, não mencionam mais de 9.100 "estruturas lineares", como pistas, ferrovias e dutos.

Perdeu na contagem.

O coronel Wayne Shanks, um porta-voz da Força Internacional de Assistência à Segurança liderada por EUA (ISAF, na sigla em Inglês), informou-me no ano passado teve cerca de 400 bases americanas e da coalizão no Afeganistão, incluindo campos, avançar bases operacionais e postos de combate. E esse número deverá aumentar em doze ou mais, acrescentou, no decurso de 2010.

Em setembro, entrei em contato com o Gabinete de Relações Públicas do Comando Conjunto ISAF para acompanhar. Para minha surpresa, me foi dito que "havia aproximadamente 350 bases operacionais avançadas com duas grandes instalações militares, aeroportos de Bagram e Kandahar".

Perplexo com a perda de 50 bases, em vez de 12 mais, entrei em contato com Gary Younger diretor de relações, público a ISAF. "Há menos de 10 bases da OTAN no Afeganistão", escreveu ele em um 12 de outubro e-mail. "Há mais de 250 bases no Afeganistão", acrescentou.

Até então, parecia que a América tinha perdido 150 bases e eu estava em um estado de total confusão. Quando entrei em contato com o Exército para resolver as discrepâncias, listando todos os números que tinham sido dadas por Shanks contar a partir de 400 bases para cerca de 250. Younger-, eles voltaram para gastar em outro até que encontrei sargento de primeira classe Eric Brown em Relações Públicas do Comando Conjunto ISAF. "O número de bases no Afeganistão é de aproximadamente 411,“ Brown escreveu em um e-mail em novembro ”, é uma figura em que eles caem de grandes bases de dados ao nível de estações avançadas de combate.“ Mesmo esse número, advertiu, não representam atualmente uma lista completa, porque eles não são recolhidos "cargos temporários ocupados por elementos do pelotão de tamanho ou menor.”

As partes pretas do mundo.

Se o relatório das Bases Estrutura 2.010 lugares do DoD no Afeganistão ter scans e leia atentamente todas as 206 páginas mencionar, intimação ou uma mera referência, nenhuma dica será encontrado que mesmo EUA ainda têm uma única base no Afeganistão, para não mencionar os mais de 400

Isto não é uma omissão insignificante. Se estes são adicionados ao total de perda de 411 base; Kristof, a figura de 971 localidades em todo o mundo serão obtidos.

Se somarmos a contagem oficial do Pentágono vai chegar a 1.073 bases e sites estrangeiros.

Esse número ainda excede a contagem de 1.014 americanos bases de 1967 no exterior, o que Chalmers Johnson considerado "o auge da Guerra Fria."

Há, no entanto, outras maneiras de obter total.

Em uma carta escrita há alguns meses, o senador Ron Wyden e representantes Barney Frank, Ron Paul e Walter Jones afirmou que havia apenas 460 instalações militares americanas no exterior, sem contar aqueles no Iraque e no Afeganistão.

Nicholas Kristof, que surgiu com mais do que a contagem de mais de 100 bases, não respondeu a um email pedindo esclarecimentos, mas talvez poderia ter feito a mesma análise que eu fiz: procurar a Estrutural Relatório Bases do Pentágono e locais selecionados óbvio que, apesar de terem uma "pegada" considerável poderia ser considerada apenas fracamente como bases, tais como conjuntos habitacionais e escolas para as famílias de militares, sim hotéis resort, o tem- Departamento de Defesa, áreas de esqui, também tem- ea maior de seu cursos de golfe militar americano disse em 2007 que teve um total de 172 campos de golfe de todos os tamanhos e chegar a um total de cerca de 570 locais no exterior.

Se o número de bases afegãs são adicionados, vai ficar com cerca de 981 bases militares no exterior.

Esconderijos.

No entanto, acontece que o Afeganistão não é o único país com um mundo de bases escondidas. Olhe a contagem do Pentágono de lugares no Iraque. O Departamento de Defesa publicou relatórios que indicam que restavam pelo menos 88 bases, incluindo acampamento Taji, Campo Ramadi, a Speicher Contingência Base de Dados Operacional e Joint Base Balad, o que, por si só, é o lar de cerca de 7.000 soldados norte-americanos. Essas bases perdidas poderiam elevar o total para cerca de 1.069 em todo o mundo.

As zonas de guerra não são os únicos lugares secretos. Ele deve ter um olhar mais atento sobre as nações do Oriente Médio, cujos governos, temendo a opinião pública interna, que prefere não ser dada publicidade a quaisquer bases militares norte-americanas no seu território, e, em seguida, ser comparada com a lista oficial de Pentágono.

Por exemplo, o Relatório de 2010 Estrutura Base incluí nenhum nome EUA no Kuwait. No entanto, sabemos que o estado do Golfo Pérsico abriga várias instalações militares norte-americanos, incluindo o Camp Arifjan, Buering Campo, Campo Virginia, Kuwait Base Naval, Ali Al Salem Base Aérea e chutar Acampamento Udari. Se forem adicionados esses lugares perdidos, o número total de bases no exterior chega a 1.074.

O império de bases, mas ainda não atingiu o seu auge, está destinada a encolher.

O Exército terá que reduzir suas posições no exterior e reduzir a sua presença global nos próximos anos. Realidades econômicas exigem que o façam. As opções pelo Pentágono hoje provavelmente decantar determinar em que condições voltar para casa acessórios amanhã. Por enquanto, eles ainda podem optar por ir para casa de modo que parece um ato de magnânimo bom

A ética da Bomba Atômica

Depois de ter sido pioneiro na construção e utilização das bombas atômicas os EUAN imaginaram que depois da destruição da cidade japonesa de Hiroshima e da pulverização da outra cidade japonesa de Nagazaki deveriam permanecer com a exclusividade do monopólio atômico mundial, ou universal.

Mas, este monopólio curto foi quebrado pela explosão atômica efetuada pela ex-URSS, criando um duopólio nuclear, e instalando um terrível balanço do terror mundial com as graves consequências para toda a humanidade.

Para contrabalançar o equilíbrio do terror na famosa detènte nuclear ingressaram nesse clube a França e a Inglaterra, mais tarde entraram o Paquistão e a Índia, possivelmente Israel, não se sabe se contrabandeando armas dos EUA.

Era preciso deter a expansão e a proliferação nuclear-atômica. Então os EUAN criaram o discurso moralista (falso) da proliferação das armas sujas (enrolação, perfídia, arrogância) como também as das armas químicas, bioquímicas, biológicas e principalmente das armas atômicas-nucleares.

Este discurso moralista contra as armas atômicas-nucleares falso obrigava os países não possuidores de se absterem destas coisas sujas e inumanas, que eles tinham o privilégio de as possuírem por serem mais humanos e supostamente mais responsáveis guardiães da paz e dos valores humanitários relevantes e verdadeiros da suposta democracia e suposta liberdade.

Os EUAN tem sido o país que mais guerras participou nestes últimos 200 anos, campeão de invasão possuindo mais de 760 bases militares em mais de 160 países, e tendo participado de todos os conflitos desde 1918, exceto das guerras no Tibet contra a China! É um país de guerreiros viciado em armas! (Dados do Instituto Internacional de Pesquisa Para a Paz) - SIPRI - Estocolmo, Suécia)
Assim o equilíbrio delicado e frágil impediu a destruição do mundo diante do medo da retaliação maciça e total do adversário URSS que da mesma forma tinha muito a perder numa guerra nuclear total contra os EUAN.

O mesmo quadro de referência não ser

repete hoje para a situação da Coreia do Norte em relação aos EUAN.

ENTENDENDO A QUESTÃO DA CORÉIA DO NORTE:

Se o seu País estivesse proibido de manter relações comerciais financeiras e diplomáticas com todos os países do mundo, mesmo contra a decisão da ONU com o apoio deste bloqueio apenas dos EUA, Ilhas Marshall e Palau, o que a Dilma faria?

É o que o ditador está querendo chamar a atenção.

Pode os EUA desobedecer a ONU e contrariar a decisão de 186 países da ONU apenas por que não gosta dos ditadores comunistas?

É o que ocorre com a Coréia do Norte hoje. Pode?

Embargo é considerado crime contra a humanidade. Obrigar os habitantes a deporem os seus governantes privando-os de alimentos para que se levantem contra o seu próprio governo, não tem funcionado, mas tem sido tentado intensamente com Cuba, Iraque, Irã, Palestina, Países da Ex-Cortina-de-Ferro e o resultado: TERRORISMO, Guerras, miséria, fome e ódio intergeracional.

Os EUAN sempre tiveram o inimigo do dia
(da vez): já foram as ex-colônias espanholas,
ex-colônias francesas, os migrantes
mexicanos, os latinos, os católicos, os
hispânicos, os nazistas, os fascistas, os
comunistas, os socialistas, os ateítas, agora
os narcotraficantes, os cocaleiros, os
islâmicos atualmente sua nova paixão!
Coreia do Norte não tem muito a perder
fora da comunidade mundial ou em uma
guerra nuclear com os EUAN.

A detente nuclear não faz nenhum sentido
para a situação estratégica colocada para a
Coreia do Norte e para os EUAN, este sim
tem tudo a perder em uma guerra nuclear
com a Coreia do Norte.

O maior perigo que a humanidade já
encarou.

A teoria é a bússola que guia as ações dos
indivíduos para dar coerência às suas
interpretações cognitivas sobre o os fatos, e
orientar os atos voluntários, sua
importância reside na sua capacidade de
penetração sobre as fenômenos além do
horizonte do senso comum.

Teorias do Conglobalismo e do Societarismo

Os novos processos constitutivos desta
nova sociedade e do novo sistema
econômico neste ambiente de grande
fusões e incorporações de empresas
expressam-se através de duas novas
teorias: uma sobre a sociedade e a outra
sobre o sistema político-econômico.

A teoria sobre o societarismo propõe-se a dar uma explicação, uma a mais, sobre a formação da sociedade humana por considerar insuficientes as teorias existentes quando aplicadas a este novo processo histórico e cultural da era pós-neoliberal.

Estas velhas teorias conhecidas que explicam o surgimento da sociedade constroem hipóteses teleológicas sobre a formação da sociedade humana em função de uma expectativa de justificação do processo político cultural que lhes abriga ou que lhes segue cronologicamente, as quais têm por objetivo a construção de um modelo do estado nacional, das formas e sistemas determinados de governo.

Assim, Thomas Hobbes, Jean Jacques Rousseau, Montesquieu, Hegel, entre outros construíram estas teorias que concorrem entre si pela primazia do estabelecimento do marco fundador da sociedade e das bases do estado nacional, e a estes juntam-se agora as teorias do societarismo e do conglobalismo.

Thomas Hobbes (1588-1679), filósofo inglês nascido em Westport, Wiltshire, publicou a sua obra mais famosa Leviatham (1651) onde nesta ele constrói uma hipótese sobre as origens da sociedade política e do pacto fundador da sociedade organizada em torno da única possibilidade que poderia retirar o homem de seu estado de natureza, expressão que Hobbes utilizou para representar uma situação em que sem qualquer forma de acordo entre os seres humanos todos estariam entregues à lei do mais forte, no que ele denominou de uma guerra de todos contra todos.

Somente um tirano poderia restabelecer a ordem geral que afastasse a ameaça permanente a que os indivíduos estão sujeitos no estado de natureza, para isto todos concordam que devam abrir mão e alienar o seu legítimo direito de defesa ao soberano em nome da construção da ordem legal absolutista que é adjudicada ao hegemom, para que este reine despoticamente sobre todos em nome da ordem e da paz.

Teoria do societarismo

A crítica preliminar e suficiente que o societarismo faz contra a hipótese hobbesiana é que esta teoria pressupõe a pré-existência de um grupamento humano anterior ao estado de guerra de todos contra todos, uma vez que só existe disputa e conflito pela sobrevivência se existir anteriormente ao conflito uma arena constituída que engendre este conflito na população. Antecedendo a qualquer forma de disputa vem o instante da formação de uma colônia ou outra forma de aglomerado humano, sem o qual não haveria a arena para qualquer tipo de disputa.

A disputa representada pela guerra de todos contra todos é uma representação pictórica da divisão assimétrica de privilégios e status naquela proto-sociedade. Só é justificável haver disputas se houver diferenciação social e/ou escassez de algum fator limitante , tal como água, abrigo, alimento, propriedade de utensílios, e outros bens.

Admitindo-se que nesta proto-sociedade as diferenciações naturais, a aglomeração da massa crítica demográfica teriam induzido à especialização, presume-se que a primeira regra a ser estabelecida seria a regra da divisão de tarefas; a segunda regra social a ser estabelecida seria a da divisão assimétrica do trabalho social, em função primeiro das diferenciações das habilidades naturais, em segundo lugar em função da necessidade de prestígio e de riqueza, em terceiro lugar o imperativo da sobrevivência.

A primeiro critério naturalmente sugerido de divisão de tarefas seria aquele orientada pelo fator etário, justificado pela capacidade física e intelectual dos infantes e dos mais velhos; o outro seria o critério da divisão natural ditada pelo sexo, pelo menos em certos períodos e fases do ciclo reprodutivo relacionado aos cuidados da gestante e do nascituro, que inclui a amamentação e os cuidados com a segurança da prole no período imediatamente anterior e posterior ao parto até aquele instante em que alguma autonomia pode ser dada aos bebês em relação aos cuidados da infância.

O societarismo credita a este momento histórico do início da divisão das tarefas e ao momento seguinte, o da divisão assimétrica do trabalho social, que se seguiu, o marco fundador da sociedade.

Para que o processo mais complexo da criação da sociedade, que é o momento em que a divisão assimétrica do trabalho social toma efeito, um pacto de sobrevivência tácito foi estabelecido, significando que todos abririam mão da auto-suficiência em nome da total interdependência entre os membros da comunidade para o fornecimento recíproco dos serviços e produtos que seriam ofertados no mercado assim formado, então a partir daí não seria mais necessário o indivíduo construir o seu próprio abrigo, confeccionar as suas roupas, suas ferramentas, suas armas, caçar, pescar, plantar, colher, cuidar das doenças, tudo isto passou a ser ofertado pelo mercado, e compartilhado pela sociedade através do sistema de trocas ou remuneração ao prestador de serviço e de produtos, graças à divisão assimétrica do trabalho social.

O problema passou a ser: quem ficaria com a melhor parte desta divisão assimétrica do trabalho social?

Para responder esta pergunta é preciso estabelecer dois eixos de investigação: o primeiro apoiado na teoria do conflito, onde cabe a hipótese ou teoria hobbesiana que é o critério da lei do mais forte, e no segundo eixo caberiam as outras hipóteses contratualistas a partir de Rousseau, Montesquieu e seus seguidores legalistas tal qual Hegel e Kelsen que defendem o marco fundador do estado baseado em interesses recíprocos dos indivíduos em estabelecerem regras comuns de convivência social sobre as quais se fundaria o estado de direito.

John Locke construiu uma variante do pensamento de Hobbes apenas diferindo deste na definição do que seria o estado primitivo pré-contratual onde a propriedade privada seria criada a partir do acúmulo da poupança advinda do trabalho; então, o processo de criação do pacto fundador da sociedade e do estado nacional seria apenas para garantir o usufruto dessa propriedade. Nesta variante lockeana, novamente o societarismo questiona a antecedência da formação da demanda por um pacto de convivência o qual surge posteriormente à formação e da constituição da comunidade onde presumivelmente alguma forma de divisão de tarefas e do trabalho social já existiriam, daquela forma e condições já relatadas anteriormente neste capítulo.

John Locke também não resolveu o problema da organização do trabalho e da remoção dos obstáculos para o desenvolvimento da vida comunitária, impossível sem a divisão assimétrica do trabalho social, por um motivo muito simples: sem a divisão assimétrica de trabalho e de tarefas não sobraria tempo para formação patrimônio, para filosofar, para pensar, para criar e para pensar sobre o pensamento, o ônus das multitarefas levariam o indivíduo ao nomadismo tal qual vivem os indígenas na América do Sul em núcleos fragmentados sem estrutura social extensiva e permanente.

Jean-Jacques Rousseau, nascido em 28 de junho de 1712 em Genebra, foi um dos mais célebres pensadores sobre as origens da sociedade e do estado, tendo sido o mais pessimista em relação à sociedade, ao contrário de Hobbes, via, no estado de natureza do homem no período anterior ao da formação da sociedade, um ser puro e íntegro, que foi degenerado pelo convívio social, corrompido pelo processo de acumulação de riquezas e pelo desejo de ser proprietário.

Segundo Rousseau a sociabilidade do homem não é uma habilidade ou característica natural, o estado da natureza caracteriza-se pela suficiência do instinto selvagem, ao contrário, o estado de sociedade caracteriza-se pela suficiência da razão iluminista, positivista.

O homem natural é amoral, não compreende vícios nem virtudes, não precisa da sociedade. O princípio da sociedade e dos vícios surgiu com a posse de bens, ou seja, quando foi declarada a primeira propriedade privada.

Portanto, a desigualdade é quase nula no estado da natureza selvagem do homem, as desigualdades resultam da sociedade e das interações sociais, quando se fala em sociedade fala-se em desigualdade, segundo Rousseau.

Para Robert Mitchels quando se fala em organização fala-se em hierarquia, quando se fala em hierarquia fala-se em diferenciação social, fala-se em privilégios, portanto, fala-se em elites: não pode haver democracia num sistema organizado, para Rousseau, não poderá haver democracia fora do estado selvagem, ou seja, a sociedade é imanentemente antidemocrática. Da vida social nasceram: a riqueza, a beleza ou lascívia, a dominação, a servidão, a paixão romantizada.

Da propriedade surgiu a necessidade de cooperação, a princípio, eventual, depois de curto e médio alcance, depois de longo prazo que ensejou a construção da sociedade, do seu sistema de divisão assimétrica de tarefas e do trabalho social, e do pacto social.

O paradoxo Rousseauniano consiste na negação do princípio de Mandeville onde este último defende a lógica da razão individual à despeito da racionalidade coletiva onde a racionalidade coletiva resulta da somatória das lógicas individuais, necessariamente, neste caso rousseauniano a lógica individual conspira contra a sociedade orgânica e sobrevaloriza o individualismo, tornando a resultante da agregação das racionalidades individuais um processo irracional.

Para negar o princípio da racionalidade mandeviliana Rousseau nega qualquer racionalidade derivada do individualismo da sociedade, pois o homem somente seria racional fora da sociedade, segundo o princípio de que as desigualdades sociais não guardam qualquer relação com as habilidades individuais que diferenciariam os indivíduos, quer dizer, não são as virtudes ou os vícios que criariam diferenciações sociais. As diferenciações sociais, segundo Rousseau, são virtualidades criadas pela e para a sociedade que é artificial e fictícia sem fundamento na natureza. "A desigualdade não é legítima do ponto de vista natural" .

Para Rousseau do marco fundador da sociedade representou a destruição do Éden no qual vivia o ser humano em contato com a natureza, não existe outra razão para a existência da sociedade senão para evitar-se um mal maior já que a vida social é contingente e inevitável.

Novamente em Rousseau a propriedade é chamada como um imperativo categórico central para a teoria do marco fundador do estado de direito através de um pacto social onde a natureza da garantia oferecida sobre

a proteção do direito à propriedade
pressupõe um momento anterior que foi o
momento de construção deste patrimônio,
cujo processo não é explicitado por
Rousseau, como se fosse algo já dado.
Novamente o societarismo encaixa-se nesta
lacuna para explicitar a importância do
processo de construção do patrimônio que
se quer proteger através do pacto social,
cuja formação deste patrimônio somente
seria factível através do processo de divisão
assimétrica do trabalho social e da divisão
de tarefas.

Charles de Secondat Montesquieu, nascido
em 1689 no Castelo de Le Brède, França,
contribuiu neste debate sobre a construção
do estado de direito democrático com a
teoria da separação dos poderes, colocando
uma pedra sobre algum laivo remanescente
de absolutismo, onde a divisão das tarefas
políticas era importante para que o poder
ficasse transparente e equitativo, pudesse
ser fiscalizado, avaliado, ratificado e
retificado pela sociedade.

Portanto, anterior à construção da
sociedade política formou-se a sociedade
civil à qual a sociedade política, ou elite
dirigente, serve como fórum organizador
das relações de direito resultantes das
interações sociais.

Antecedendo à formalização da sociedade
civil a divisão das tarefas tomou forma no
núcleo das clãs por contingência da
aglutinação em aldeias dos grupamentos

humanos multi-clãs os quais originaram as comunidades multifamiliares a partir da fixação sedentária da população e conseqüente organização social, construída mediante o pacto de divisão assimétrica do trabalho social, que antecederam a formação da sociedade civil e política.

Esta assimetria gerou e gera desigualdades e conflitos que devem e são administrados pelo sistema legal e pelos seus agentes dentro de formas diversas de governos e sistemas políticos os mais variados, da anarquia ao totalitarismo, passando por toda a gama de tipologia de sistemas e processos diferenciados de escolha dos representantes políticos, desde a eleição até o critério da hereditariedade, todos estes sistemas de composição e de representação de poder foram incorporados à cultura das sociedades em todos os recantos do mundo ao longo do tempo histórico.

A divisão assimétrica do trabalho social também é uma divisão de privilégios e de status na sociedade, e este estágio deu origem a novos desafios às organizações criadas para exercerem o poder de controlar estes conflitos na sociedade.

Teoria do conglobado

Sobre este particular a teoria sobre o conglobado reflete a preocupação na organização das forças dirigentes e hegemônicas do sistema econômico que hoje estão em ebulição por causa da mudança no eixo condutor da sociedade que desloca-se visivelmente do setor político para os setores econômicos.

Nem sempre foi assim. Já vimos na história da humanidade a hegemonia da religião, da nobreza, das forças armadas e agora assiste-se o momento cuminante dos vencedores da Revolução Francesa de 1789: os burgueses completaram o processo de tomada do poder na sociedade, com o completo afastamento da nobreza, da igreja e dos militares.

Neste momento trava-se uma disputa intraelite entre as burguesias comercial, financeira, industrial e agrária pelo controle do poder político e econômico.

O povo passou de ator, neste processo, a espectador. No congloblalismo não existem papéis reservados para agentes solitários, independentes. Os sujeitos são coletivos e estruturam-se através da coesão fornecida pelo interesse de grupo, não é o lucro suficiente para coalescer a unidade intrínseca dos conglobados. É necessário estudar e compreender a dinâmica e a importância política das ações dos conglobados.

Para contrapor-se aos conglobados os indivíduos devem utilizar da mesma forma de organização dos conglobados, reunirem-se em formas conglobadas de representação, isto é: através de sujeitos coletivos, quer seja através de associações, sindicatos, clubes, ONG's, institutos e outras formas coletivas de representação de interesses. Aquela forma de representação de interesses através da representação indireta parlamentar não mais representa ser confiável pois que o processo de escolha destes representantes está contaminado pelo enorme poder econômico dos conglobados que manipulam e formatam as preferência dos eleitores e impedem que candidaturas legítimas consigam incorporar-se ao processo eleitoral em condições de disputar de forma equipotente o acesso aos cargos eletivos em todos os níveis de representação política contra os representantes dos conglobados.

Já que foi desvendado o verdadeiro objetivo deste processo de conglobagem resta estabelecer o plano de luta que deve passar pela mudança cultural, onde as grandes religiões cristãs e budistas que apoiam-se no individualismo nas suas pregações pela busca da salvação individual da alma e na busca do aperfeiçoamento individual, já não estão mais sintonizados na direção desta mudança na cultura do individualismo da sociedade liberal para uma nova cultura solidária, por isto constituem os maiores obstáculos para uma mudança de atitude que acabará por ensejar a eliminação da sociedade individualista pelos conglobados econômicos justamente por causa da miopia trazida pelo individualismo metodológico imanente à estas culturas.

Resumo:

a) Categorias analíticas

Conglobado – Resulta na aglomeração de
entidades jurídicas com o fim de fortalecer
sua posição no mercado econômico e
político quer seja através de fusões de
empresas quer seja através de
incorporações de empresas e
empreendimentos temporariamente.

Congloblalismo – tipo de organização
econômica onde as empresas em número
reduzido delas hegemonizam o cenário
econômico regional e transnacional, para
obter vantagens em escala e para
hegemonizarem as demandas no mercado
através do controle oligopolístico da oferta
de bens, serviços e oportunidades de
consumo.

Societarismo – define um tipo de
organização da sociedade civil em grupos
multidisciplinares, multiculturais,
multiraciais, voltados para algum interesse
comum para disputar seu espaço na arena
política e econômica frente aos
conglobados, com o objetivo de obter este
reconhecimento de sua importância e força

política e econômica, organizados através do fortalecimento de sua coesão interna orgânica fundado no altruísmo de seus participantes.

Círculo societário – partes daquilo que forma o sistema de organização do societarismo substantivo concreto.

Divisão assimétrica do trabalho social – faz parte da estrutura da sociedade a divisão do trabalho social, vale dizer, das funções e papéis sociais que cada indivíduo se atribui dentro do sistema socioeconômico e cultural onde cada uma destas funções e papéis corresponde a sua capacidade ou as suas oportunidades de reposicionamento dentro do sistema social onde o indivíduo participa e dele obtém a recompensa pelo seu desempenho e participação de acordo com o seu status no sistema social de modo diferenciado.

Coesão – é o conjunto de crenças, normas, regras, procedimentos e expectativas que mantém o sistema funcionando e coalesce os indivíduos participantes do sistema social de modo funcionalmente organizado e produtivo.

Fator limitante - é aquele dentre os fatores imprescindíveis à vida o que existir em menor oferta, limitando o desenvolvimento ou a sobrevivência da população severamente, quando escasso, e sem o qual a população fica ameaçada de desaparecimento mesmo que abundem os demais fatores necessários à sobrevivência.

Massa crítica – è a quantidade limite mínima a partir da qual o início de um evento ou fenômeno se torna inevitável, tornando-se o ponto de ruptura de um processo a partir do qual ele é desencadeado.

Efeito grupo – quando uma massa de indivíduos ou partes vivas ou inanimadas atinge determinado volume ou quantidade tal que a soma das partes supera o efeito delas somadas, na chamada sinergia.

Efeito sistema – quando uma massa de indivíduos ou partes vivas ou inanimadas no momento que agem em conjunto formam uma nova categoria de objeto com características distintas de suas partes componentes tomadas isoladamente, de modo quase irreconhecível, de modo que a decomposição das partes nem sempre torna inteligível a compreensão do todo.

b) As linhas mestras da ideologia do societarismo pode ser assim descritas:

• fidelidade ao círculo sistêmico ao qual está filiado;

• submissão dos interesses individuais à vontade da maioria e o acatamento da vontade majoritária;

• dirigir os pensamentos e ações em harmonia com a comunidade, visando o bem-comum e a cooperação mútuas;

• procurar enquadrar-se nos círculos sistêmicos que lhes sejam afins, para poder cooperar e extrair destes auto-estímulo e confiança;

• cuidar para que as leis e as normas sejam respeitadas; o mesmo também com relação à hierarquia, seja em que grau for;

• objetivo central do conglobado é o poder, e o societarismo o instrumento melhor para rivaliza-lo;

• societarismo não é somente força-bruta;

• societarismo não é ideologia;

• societarismo não é um fim;

• societarismo não se auto-regula;

• societarismo não é auto-suficiente;

• societarismo não é só busca hedonista;

• societarismo não é só poder;

• poder é a capacidade de impor a vontade, sem restrições;

• poder é capacidade de despertar temor;

• altruísmo não é simplesmente um sentimento abstrato e enlevado, é antes em meio de produzir a cooperação;

• a cooperação é um método de
exponenciação dos esforços individuais;

• societarismo é um aglomerado de pessoas
com uma ideologia, e um elo de coesão
forjado no altruísmo e hierarquia;

• a hierarquia é o meio ordenado de
compartilhamento do poder;

• a anarquia é uma deformação da
hierarquia onde todos os níveis hierárquicos
tem o mesmo grau;

• societarismo privilegia o coletivo;

• societarismo tem o sentido plural;

• societarismo abomina a desordem:
prefere a legalidade à justiça;

• poder não se doa nem se recebe: ou se
herda ou se conquista;

• poder é auto-suficiente;

• poder é indivisível: compartilha-se pela
hierarquia;

• poder permeia todas as relações sociais;

• a liderança é antes de tudo um método
centralizado de comunicação;

• a coesão é o meio de obter a
subordinação hierárquica;

• a ideologia provoca e mantém a coesão no societarismo de forma duradoura e eficiente;

• a justiça é um meio dos cidadãos exercerem o seu poder dentro das normas legais do sistema, através da atuação de seus instrumentos institucionais específicos;

• a ordem é a base para o exercício pleno da hierarquia;

• processo de acumulação do conhecimento é um esforço debitado ao sistema para exponenciar a capacidade humana de realizações;

• a divisão assimétrica do trabalho social é o fator de eficiência do societarismo: as máquinas exponenciam o esforço humano multiplicando a massa crítica pelo número de pessoas que ela seja capaz de substituir assim como o conhecimento também é um fator exponenciador do trabalho;

• círculo societário é o responsável pela acumulação, pela transferência e propagação do conhecimento;

• poder pertence ao líder que deve compartilhá-lo através da hierarquia, de acordo com o nível hierárquico;

• poder é inerente e imanente ao ser humano;

• societarismo é escravo das leis e das
normas;

• a escravidão é a negação da natureza
humana;

• círculo societário cresce quando os seus
membros progridem;

• a força do societarismo está na coesão de
seus membros;

• a ideologia deve ser, antes de tudo, fator
de coesão do societarismo;

• a coesão é o cimento do societarismo:
sem ela não há;

• societarismo tem a prerrogativa da força
bruta, que vem do poder, para manter a
ordem e garantir a tranqüilidade através da
ideologia e da hierarquia;

• poder é indivisível, porém deve ser
compartilhado a bem da tranqüilidade do
círculo societário;

• poder é atemporal, invisível,
transcendente, perene, autojustificável,
basta-se a si mesmo;

• societarismo é o amálgama das
tendências totalitaristas do poder com a
necessidade de compartilhamento do poder
através da hierarquia.

No Brasil e praças dos indignados no Mundo

 Introdução Autora Maria da Glória Gohn

Pós doutorada pela New School New York e doutorada pela USP,

faz uma análise, que em suas próprias palavras, permite interpretações variadas, dos fatos de junho de 2013.

Pretendo enquadrar a análise da doutora Gohn como uma análise que não se desvencilha em momento algum do fulcro do conflito de classes, e de uma frenética e idealista, às vezes saudável, busca por mais democracia.

Os movimentos sociais e o ativismo, para ela, parecem atividades saudáveis que demonstram, para ela, que a juventude está saudável, e a sociedade ativa, enquanto o governo parece perecível diante de tantas dificuldades de manter a sociedade saudável quanto à democracia.

Eu prefiro ter exatamente o contrário desta visão marxista de doutora Gohn.

Vejo um estado saudável por permitir, e os cidadãos o saberem, que podem sair às ruas contra o próprio sistema político sem serem proibidos, como nunca o seriam permitidos no estado e no sistema político preconizado pela autora, onde o autoritarismo impediria se por os pés nas ruas e até trocarem mensagens não oficiais pela internet controlada em desacordo com o escript do sistema comunista.

Quanto à juventude dos ativistas são de classe média 63% e universitária 49% que nunca existiria fora de um complicado e caótico sistema capitalista, na verdade se utiliza de redes de grupos fechados de relacionamento virtuais principalmente no Facebook, somente existentes em países liberais capitalistas, aqui estes jovens mergulhados em seus iphones e ipads quando mal conseguem levantar o nariz de seus aparelhos para cruzarem as ruas, estes jovens como que num surto de vitalidade perdida abandonam o seu mundinho da internet e acreditam no contato olho no olho e saem às ruas, parece que duvidaram da possibilidade de mudarem o mundo apenas de dentro do mundinho virtual das super redes sociais digitais, isto sim foi a grande revolução, o maior ganho destas manifestações de junho de 2013.

A autora parece empolgar-se com a extensão global das atividades em torno de conquistas sociais anticapitalistas que aparentemente são espontâneas e pipocam justamente, e coincidentemente nos centros únicos financeiros de Nova York, Frankfurt, São Paulo, Cairo, Madrid, Tarik, então, parece que se aproxima o apocalipse tão ansiosamente aguardado desde que fora profetizado por Karl Marx, em 1848, de todo o sistema financeiro internacional pela destruição de suas principais praças de negócios, as revoluções ganham nomes oníricos como "Primavera Árabe", "Occupy Wall Street", então parecia que o plano grande se fechara.

Além das perguntas que ficaram sem respostas, e de outras respostas que ficaram sem perguntas, nos atrevemos a perguntar se algum nível de articulação ou de planejamento estratégico fora engendrado a partir dos Fóruns Mundiais Internacionais, que foram as instâncias alternativas ao Fóruns internacionais G7, onde se forjaram esta novas formas de ataque ao capitalismo e ao liberalismo internacionais?

Tudo fizeram para que não ficassem caracterizados os fundadores e patrocinadores materiais e intelectuais conspícuos destes movimentos articulados de modo a não deixarem rastros de seus objetivos, metas e finalidades.

Sempre se pode perceber a satisfação com que os grupos agridem e atingem os principais símbolos do consumismo e do capitalismo financeiro, são alvos principais dos vândalos: as lojas Mac Donalds, os Bancos e as grandes multinacionais. Não dá para se confundir; é o capitalismo que está sob o ataque. O slogan do MBL Movimento Brasil Livre derivado ou inspirado em outro movimento embrionário, MPL Movimento Passe Livre, adotou a correção de slogan para: "Não é por causa de apenas dois centavos", ou seja, a luta do MPL começou contra o aumento de dois centavos nas passagens de ônibus de determinada linha de ônibus em São Paulo, agora não importava mais o que aglutinou os reclamantes, o que importa agora é aproveitar a indignação da população e catalisá-la para derrubar a espinha dorsal dos gananciosos pelo lucro, em última análise era uma forma tácita e moderna não aberta de agredir o capitalismo e o liberalismo, o lucro para eles é uma prática tão suja e detestável quanto a instituição dos juros.

Mas onde ficou incluída a luta de classe, e os ataques aos governos liberais?

Como entender os movimentos sociais

Existem teorias sobre o assunto e eu vou me fulcrar em algumas solidamente, apoiando-me em duas: a teoria do CRP, e a outra, a do autor que escreve este texto.

Para um movimento social engrossar ou surtar na plateia ao qual se dirige precisa de três elementos estruturais:

a) Ativistas militantes;

b) Mídia;

c) Polícia violenta.

Os ativistas percebem que para conquistarem a atenção da mídia e ocupar os espaços midiáticos precisariam investir somas inimagináveis de dinheiro para comprar os melhores horários e espaços das grandes redes de mídia verbal, oral e visual.

Existe outra forma barata de se conseguir este espaço global que pode ser gratuita e de forma total.

Se você conhece a agenda das mídias de massa você pode conseguir de graça que toda a mídia mundial trabalhe para você.

E todos nós sabemos onde está esta agenda das grandes mídias.

A agenda das grandes mídias mundiais está preparada e aparelhada para apenas seis tipos de inputs de canalização de informação inbatíveis e insubstituívies. São:

a) Violência;

b) Celebridades;

c) Inusitado;

d) Bizarro;

e) Jabá;

f) Patrocinado.

Então, qual destes mecanismos da mídia os movimentos sociais vão instrumentalizar para adquirirem mídia extensa e gratuita?

Então, juntado estes dois esquemas, verifica-se que os movimentos tem como meta a formação da opinião pública e o reforço e conformação desta opinião pública, segundo a Teoria do CRP, Prof. Venícius A Lima, e outros.

O CRP é o Cenário de Representação Política onde os agentes e atores disputam a opinião pública para conformá-la de acordo com a capacidade de compreensão e de representação e de apreensão desta realidade midiática num processo de duas vias recíprocas, onde o hegemon disseminam as suas convicções e visões de mundo, e no momento seguinte reavalia o retorno público da aceitação das ideias e faz as necessárias transformações e adições de seus conceitos trabalhados pela cognição coletiva, então o passo seguinte é a reapresentação das ideias misturadas e a partir do sincretismo da cultura popular readequando as ideias originalmente disseminadas para conformá-las com a capacidade de assimilação popular às ideias originalmente promovidas pelo hegemon.

Esta troca deste conhecimento e de experiências subjetivas confere legitimidade ao conceito formatado na opinião pública formada no sincretismo do coletivo, deste processo de manipulação e de adaptação das duas partes, da população e dos intelectuais formuladores dos conceitos agora assimilado, amalgamado e customizados, forma-se a opinião pública.

Então as outras partes entram onde: a Mídia e polícia?

Os ativistas se valem da capacidade de infiltração em eventos preparados por celebridades e por organizações mundiais para construírem os cenários CRP para as performances onde a mídia está preparada para fazer a cobertura, como nos grandes eventos.

Quando este grande evento não foi montado por outrem, então cabe aos ativistas prepararem este grande evento, para isso precisam captar a audiência através do recrutamento e da grande convocação para o grande dia do grande evento coletivo. Então, este evento preparado não irá repercutir na grande mídia se não houver um dos itens: celebridades, jabá, patrocinadores, bizzarro, inusitado e violência.

Geralmente a violência só funciona com o auxílio involuntário e não antecipado da polícia.

Os provocadores irão vandalizar as propriedades privadas, invadir, ocupar, bater em pessoas, para que a polícia faça o esperado: reaja com violência legítima, mas sempre explorada e esperada pelos manifestantes, assim, a violência será a pauta principal esperada das manchetes do dia seguinte, da semana seguinte e nada mais é importante.

Fechado o triângulo perfeito, com a mídia, violência e os ativistas forma-se o conjunto para mobilizar a opinião pública.

Se a violência for concentrada e rápida, então as pessoas podem voltar a participar e até mesmo se solidarizarem com os ativistas, caso contrário o efeito do excesso de violência irá afastar os participantes não ativistas, agindo em efeito contrário ao esperado pelos ativistas.

Da mesma forma, se a violência dos ativistas for desproporcional e vazia irá atuar em sentido inverso ao da cooptação e captura da opinião pública favorável ao ato ou eventos dos ativistas.

O Perfil dos ativistas

O Brasil é o país que forma mais cientistas sociais por ano em todo o mundo, considerando os números brutos, formamos cerca de 277 mil por ano.

De longe o maior formador de cientistas sociais do mundo; para que tanto? É a primeira pergunta.

A segunda pergunta é o caráter destes cientistas sociais, extremamente críticos do sistema social, a maioria com viéses revolucionários e reformistas, são jovens de classe média baixa em sua maioria, então estes cientistas formam um caldeirão perigoso de reformistas e agitadores no Brasil.

Nossas universidades e faculdades se transformaram em fábricas de guerrilheiros sociais, de agitadores sociais, de revolucionários sociais, de reformistas sociais, e de experts em sistemas sociais.

Em um país carente como o Brasil, além de sermos experts em sistemas financeiros e econômicos complexos por causa do longo período de inflação e depressão, nos tornamos também especialistas em problemas sociais.

Esta naturalização com problemas sociais e com a pobreza extrema nos torna especialistas em lidarmos e contornarmos os problemas sempre inventando e criando alternativas para transcendermos a estes problemas e desta forma a transição, chamada de mobilidade social, entre as camadas sociais se torna um exercício de negociação que adia sempre o conflito social, e permite a convivência de categorias sociais de todo o gênero, de forma que chamaríamos isso de um concerto das classes sociais em convivência negociada e consentida entre ricos e pobres, enquanto que, existe uma classe média que não se reconhece em qualquer dos lados.

Este estado beligerante sem guerra que construiu a conviência ou a coabitação da favela dos morros com o asfalto afluente, trocando serviços entre si, e servindo de justificativas uns dos outros de suas existências na divisão social do trabalho social, os ricos garantem a sobrevivência dos pobres, e o mercado de mão de obra, chamado de exército industrial de reserva de desempregados por Karl Marx, o qual garante o suprimento quase inesgotável de mão de obra barata e disponível para os serviços de baixa remuneração para os ricos.

Sem os ricos não haveria tanta possibilidade de empregos de baixa remuneração e baixa qualificação e especialização, garantindo que um mínimo de pessoas despreparadas possam de algum jeito dispor de uma alternativa de atividade remunerada, em qualquer tempo.

Este conflito latente tende a ser camuflado e escondido pela estratificação da rede de especialidades e da rede de solidariedade social invisível através das igrejas, instituições sociais estatais, instituições sociais filantrópicas privadas, e pela caridade espontânea casual e ocasional residual.

Manifestações de junho de 2013

De todas as releituras que se fizeram destas manifestações de junho de 2013, me chama a atenção a perplexidade causada no governo de esquerda instalado no Brasil desde 2007 com a vitória do partido dos trabalhadores o PT, implementando um agenda progressista muito forte através do seu presidente de honra e presidente da República do Brasil, Luiz Inácio Lula da Silva, então fui instado por um importante conselheiro do governo local e nacional do PT, como cientista político para que dissesse a ele o que estava acontecendo no Brasil em junho de 2013, e porquê?

Em minha resposta firme, e condicionada pela teoria e vivência das teorias políticas e sociais, disse com convicção e de modo muito claro: Não vejo porque o governo deveria se preocupar com as manifestações, pois faltava aos movimentos coordenação e objetivos.

Apenas manifestações ensaiadas para protestar contra o sistema capitalista sem nenhum plano para o dia seguinte. Os jovens costumam ser bons para derrubar, protestar, destruir, mas faltam-lhes objetivos e conhecimento para reconstruir ou fazer uma agenda positiva.

Bastava-lhes dar espaço para as manifestações e elas logo passariam do mesmo modo e velocidade com que iniciaram.

Do nada para o nada.

Não precisa dizer que o meu interlocutor achou que perdeu seu tempo ao ouvir o que ele jamais esperava ou precisava ouvir. Tinha motivos de sobra. O PT acostumou-se a pensar que era o salvador da classe trabalhadora, e por sinestesia o grande bem amado guardachuva dos pobres.

O PT construiu um enorme aparelho dentro do Estado através da cooptação dos Servidores Públicos Federais - SPF para dominar e controlar todas as instâncias sociais e políticas comunitárias, corporativistas e participacionistas, aparelhou o sistema social e político com os instumentos de controle social institucionais de: conselhismos, participacionismo, corporativismo, sindicalismo, centralismo sindical, Movimentos dos "sem alguma coisa", grevismo, sectarismos, sectarismos feminista, sectarismo homossexual, sectarismo étnico, sectarismo regionalista, excluídos digitais, abriu uma agenda ampla de direitos subjetivos como casamento gay, doutrinação comunista nas escolas básicas, liberação do aborto e da maconha, criminização dos antigay, bolsa família, financiamento Fies, financiamento Pró-Uni, financiamento da guarnição da casa, Minha casa minha vida, Institutos de Ensino Técnicos Federais em todas as unidades da federação, novas Universidades Federais, UPAs Unidades de Pronto Atendimento ambulatorial em todas a unidades da federação, Nacionlização da construção naval e a sua regionalização, Captação de grandes eventos mundiais para o Brasil como a Copa do Mundo de Futebol e as Olimpíadas e Parolimpíadas, hoje sabemos foram compradas através de leilões nas instituições hoje denunciadas por corrupção na justiça dos USA como a FIFA e o COI tidos como fabricantes de sorteios viciados para venderem as sedes de eventos esportivos, estabeleceu firmemente na agenda social a guerra de gêneros e a luta de classes, definitivamente e claramente como frentes de batalhas políticas do programa comunista do governo do PT.

Usou como nunca os anés burocráticos para financiar as atividades parapartidárias, as eleições e os quadros profissionais e administrativos internos da máquina partidária, subornou os membros dos poderes, onde se destacam os flagrados escândalos de estorsão de empresas estatais e empreiteiras de obras no Estado para o suborno de políticos, juízes e parlamentares através de operações criminosas chamadas de Mensalão e o seu gigantesco tio o Petrolão.

Esqueceram dos efeitos colaterais.

A aprovação da "presidenta" socialista que vinha fazendo um governo mais conservador com um mandato diferente agora do primeiro mandato, depois de reeleita, sua aprovação caiu de 57% para 30%.

Então foi após um conjunto de manifestações no mesmo dia em 75 cidades e capitais em todo o Brasil que reuniu um milhão de pessoas nas ruas.

Quem orquestrou tudo isto, se as bandeiras partidárias foram rechaçadas em todas as manifestações, os conhecidos parceiros de manifestações populares estavam banidos, o PT, PCdoB, PSTU, PSOL, UNE, PCO, CUT, foram proibidos de desfraldarem suas bandeiras em público?

O Black Bloc mostrou suas armas juntamente com o grupo Anonymous.

Como explicar que o governo federal tão bem aparelhado politicamente, com o controle de todos os canais de manifestações e manifestantes e ativistas profissionais sob seu controle, estando aparelhado com SPF e simpatizantes petistas, ainda assim perdera o controle da rua?

Gilberto Carvalho o arquiteto da cooptação das instituições sociais, ONGs, OSCIPs, da aparelhagem e do aparelhamento social do estado perguntava perplexo, onde foi que o controle das instituições populares e corporativistas falhou?

Não sabia ele que quando se constrói o instrumental participacionista se adjudica o controle dele ao movimentos sociais autárquicos por definição e natureza.

Se os partidos políticos foram desconvidados das manifestações, então estes movimentos estão articulados por quem e por qual objetivo?

A segunda resposta é: foi um ataque ao capitalismo mundial.

A primeira resposta é que: uma nova instituição internacional substitui a Internacional Socialista e o Comunismo internacional não querem mais a mediação dos partidos e dos políticos de esquerda desacreditados e descredenciados;

Agora agem sem intermediários em sua luta não declarada e não identificada contra o capitalismo e liberalismo internacional sem uma bandeira, sem um nome, sem uma identidade clara e explícita.

Este organismo internacional existe, e se chama ***Conferência Mundial dos Povos***, haurida dos Fóruns Mundiais.

Esta conferência coordena as ações de outra insituição chamada ***Ação Global dos Povos*** que divulga suas ideias e ações através da instituição também independente e virtual chamada ***Centro de Mídia Independente***.

Estas três instituições não têm personalidade jurídica nem sede física.

Possuem estatutos e uma coordenação eleita e temporária.

Então mudou a forma e a estrutura de atuação do comunismo internacional que não se chama mais pelo seu nome.

Sua agenda acomoda todos os tipos de atividades de ativismo:

a) Invasão;

b) Protestos;

c) Movimentos;

d) Atos;

e) Marchas;

f) Passeatas; g) Ação;

h) Manifestação;

i) Jornadas;

j) Revoltas;

k) Ondas;

l) Ocupação;

m) Rolezinho;

n) Provocação;

o) Depredação;

p) Encenação;

q) Performance;

r) Arrastão;

s) Show.

Agora faz sentido como uma variedade tão ampla de agenda de demandas pode ser acomodada aos mais diversos tipos ativistas e grupos multiculturais de agitadores, como o MPL que apoiou desde a greve e passeata dos motoboys, às greves dos caminhoneiros, bloqueando 17 rodovias em nove estados, bem assim como apoiar o dia nacional de luta, em 11 de setembro de 2013, ainda assim incluir ações como atacar lojas da Mac Donalds, destruir revendedoras de automóveis de alto luxo na Paulista, e até ações que não tinham reivindicação alguma, assim, a criação de tumultos cria o ambiente para o caos nos sistemas político e social, o passo seguinte é associar o fracasso total das instituições não apenas ao governo híbrido de Dilma Roussef, meio comunista e meio liberal, a culpa, deve ficar claro, é de que o sistema democrático capitalista liberal não tem respostas para a sociedade: encontra-se esgotado.

Mas, tem dia seguinte, não fossem apenas as lembranças e destruições materiais a onda de ações reflui e tudo volta ao normal sem continuidade, sem consequência e sem sequência, exceto as reconstruções dos efeitos colaterais físicos e políticos.

Não é uma guerra ou guerrilha urbana, é uma disputa de hegemonia nas versões gramscianas da guerra de posições e guerra de movimento.

Guerra de posições travada na conquista das posições de esquerda na opinião pública conduzida, induzida ou favorável aos movimentos, não necessariamente a compreensão política pelas massas, pois os ativistas se consideram os protagonistas e os tutores da consciência política coletiva, e; a guerra de movimentos sociais onde grandes massas mobilizadas ativamente nas ruas acompanhadas dos movimentos sociais organizados politizados mobilizados para arrastar multidões mimetizadas e motivadas através de grandes golpes de emotividade despertada pelos ressentimentos profundos das classes sociais em conflitos permanentes, através de discursos inflamados, grandes efeitos cênicos e momentos de violação psíquica coletiva no auge de agitação do momento histórico que possui todos os ingredientes motivacionais convenientemente distribuídos entre os insatisfeitos, servidos de muita: violência, encorajamento, solidariedade, cumplicidade, solidariedade orgânica e mecânica e apoio solidário compartilhado em público.

Embora a massa seja levada pelo sentimento de pertencimento a um evento histórico e coletivo, nem mesmo os movimentos sociais sabem com precisão qual será o passo seguinte àquelas manifestações.

A mistura de eventos e de demandas que levam às agendas tão amplas que incluem os gritos de "Não vai ter Copa" sem deixarem claro como eles vão impedir que a Copa não se dê, estes gritos têm efeito ameaçador e enigmático para a população, parecem bravatas inconsequentes de gente insone que acabou de sair das redes sociais para a vida real, são membros da classe média com idade entre 14 anos e 29 anos, mais de 63% somente 8% possuíam só o ensino básico incompleto, 76% trabalhavam e 52% estudavam.

Olhando-se o perfil típico do estudante e da estrutura dos cursos universitários no Brasil percebe-se que o Brasil é de longe o país que mais forma cientistas sociais no mundo, cerca de 277 mil por ano, isto coloca o Brasil numa condição onde somos a derradeira fila de matemáticos e engenheiros em geral.

Durante a década de 80, a antiga União das Repúblicas Socialistas Soviéticas projetaram a formação de cerca de 300 mil matemáticos por ano! Entre engenheiros, estatísticos, físicos e Matemáticos para suportar a corrida tecnológica com o seu mais bem preparado adversário na Guerra Fria, os Estados Unidos da América do Norte!

E o Brasil ficava deitado em berço esplêndido, subvalorizando os seus engenheiros, sem falar dos físicos que eram formados apenas para serem professores, juntamente com as levas de matemáticos, isto a uma taxa anual de alguns milhares, quando muito não passavam de 20 mil formados por ano, enquanto isso as nossas universidades continuam a despejar milhares de médicos (60 mil, incluindo auxil. Téc. e terapeutas) e de advogados (70 mil) na maior advocracia do mundo, perdendo em número de advogados por habitante apenas para o Japão. (O Brasil forma por ano: 277 mil Cientistas Sociais - Campeão mundial neste setor é o País do Blá-blá-blá, como diria o Ex-ministro Sérgio Motta:

"masturbação sociológica", 200 mil Educadores e 108 mil administradores.

Veja quanto os países protagonistas da tecnologia lançam de engenheiros por ano: China 640 mil/ano; Índia 340 mil/ano, EUA 201 mil/ano; Rússia 190 mil/ano; Japão 177 mil/ano; França 103 mil/ano; Alemanha 66 mil/ano; Inglaterra 60 mil/ano, Espanha 50 mil/ano; Polônia 50 mil/ano; Itália 36 mil/ano).

Somos a pátria dos estudantes do blá blá blá sociológico, como dizia o ex Sérgio Mota ex ministro de comunicações do governo FHC que dizia que este contingente de pensadores eram masturbadores de pensamentos sociológicos.

O Brasil se destaca no mundo na formação advogados, somente fica atrás do Japão, e fica entre os maiores formadores de professores e administradores.

Somos menos Matemática e mais ciências humanas. Talvez isto explique a quantidade de sindicatos e organizações de militantes políticos. Talvez. Fica fácil verificar porque este perfil de manifestantes com renda majoritariamente maior que dez salários mínimos, com o piso em cinco salários mínimos iria se mobilizar pelos dois centavos a mais das passagens de ônibus.

Não era pelos dois centavos, como eles mesmos disseram, os militantes do MPL.

Por trás desta mobilização existe uma articulação da nova estratégia dos neocomunistas pós Muro de Berlim

detonado, e pós Glasnost, e pós
Perestroika.

Estes jovens ativistas gordinhos
dperceberam que o mundinho da internet é
muito segmentado, não existe a tão falada
comunidade aberta dita pelos incipientes
do mundo digital que não conhecem a
arquitetura do mundo das interredes, os
Facebooks e outros sites que dividem os
membros em subcomunidades fechadas
cujo ingresso e permanência nas subredes
de grupos dependem de um convite e
aceitação do convite para a entrada, e
permite a exclusão pelo bloqueio do
convidante para o convidado, e pelos check
fact, portanto são subcorrentes de
membros internos fechadas e limitadas, por
afinidade, por isso estas subredes só tem
mais do mesmo, são pessoas que
comungam gostos e preferências afins,
previamente selecionadas.

Estes manifestantes de junho de 2013 eram
apartidários, 96% eram não filiados a
partidos políticos, e 86% não sindicalizados,
com as exclusões do PT, Psol, Pstu, Pco
UNE, vieram apoiar e coordenar as
maifestações: os Punks, os Skinheads,
movimentos denominados "Juntos",
"Movimento Para Todos", Anel - Assembléia
Nacional dos Estudantes Livres, Black Blocs,
Anonymous, Kaos, FAG, Utopia e Luta,
Resistência Popular, "Rompendo Amarras",
"Fora do Eixo", "Bloco de Lutas".

Assim ficaram apenas para o registro
histórico a geografia dos atos em todo o
mundo: Praça Tahrir no Cairo / Egito; Praça

Mohamed Bouazizi em Túnis / Tunísia; Praça Taksim em Istambul / Turkia; Praça Puerda del Sol em Madrid / Espanha; Praça Syntagma em Atenas / Grécia; Praça Parque Zuccoli / Wall Street New York / USA; a Willy Blandt Platz em Frankfurt / Alemanha; Praça de Maio em Buenos Aires / Argentina; Praça da Candelária Rio de Janeiro; Praça da Sé; Avenida Paulista; Praça do Ciclista e Largo da Batata em São Paulo. Nenhum destes países e cidades citados pertencem ou estão sob regime comunistas. Porque seriam todos fuzilados, ou exilados.

Conclusões:

Eu desisti há algum tempo dos militantes progressistas brasileiros, e daqueles dos países que enveredaram pelo marxismo e que sem o saberem criaram ou incitaram conflitos sociais para destruírem as instituições capitalistas e liberais. Disfarçados de luta, são apenas estratégias de ativismos sociais que se aproveitam de ressentimentos: de gêneros em situações de fragilidade, como o feminismo, o homossexualismo, os excluídos, os carentes, mas, o objetivo final é destruir a noção de ética capitalista atacando seus maiores obstáculos: a religião e a família. Como? Se você destrói as bases da moralidade, então a família e a religião ficam neutralizadas. Este é o momento onde os comunistas não se chamam pelo nome.. destruir o mundo como conhecemos hoje. Existem sociedades que ainda não aderiram a este discurso de luta de classes. É possível e necessária a convivência das diferenças e das desigualdades pois que antes de combatê-los, temos de respeitar os diferentes, mas sem criminalizar todas as divergências e opiniões, estimulando a tolerância com os menos aptos a compreender. Temos de educar, mostrar, conquistar, só então punir quem transgredir sem criar uma classe de inocentes úteis e sem criar um grupo de isentos e inimputáveis seja pelo critério que for: por idade, sexo, etnia, cultura, condição fisica. Outra conclusão é que no estado da arte do participacionismo avançou-se muito na criação e exportação para quase todo o mundo do modelo de Orçamento Participativo criado no Brasil e presente até mesmo no Canadá, Espanha, Portugal, no Brasil investiu-se no conselhismo e no sindicalismo. Estas instâncias municipais não se esgotam na democracia participativa orçamentalista, deveria avançar para: a política participativa, assembleia participativa e para a administração participativa. Não é uma luta pelos dois centavos, nem por uma escola melhor, nem por saúde melhor, nem pela sociedade melhor, nem por transporte melhor, isso é chamariz das massas, na verdade é uma reengenharia social, é pela destruição do capitalismo, para engendrar em seu lugar o comunismo. Não é necessário provas para a defesa do comunismo. Os insatisfeitos sociais não tentam buscar o seu lugar no sistema capitalista, nem buscam se adaptar ou se enquadrarem, ao invés de se reformarem ou se reformularem acreditam em sua arrogância fanática, na reforma e na reformulação do sistema capitalista para poderem encontrarem o mundinho perfeitinho, igualitário, justo socialmente e economicamente melhor, para se sentirem realizados pelo sistema comunista. O fanatismo dispensa provas, comprovação e odeia a realidade, seja fanatismo religioso, esportivo, desportivo, profissional, político, ideológico, artístico, musical, nacionalista, racial, gastronômico, sexual, pela violência, pela ciência, pelo intelecto, prefere o mundo utópico constituído pelos sonhos e desejos, neste caso específico o desejo do igualitarismo, nascido da inveja inconfessada das pessoas ricas e bem sucedidas, as quais se culpa pelo insucesso de outrem mal ou não bem sucedido, isto se torna uma crença e como se trata de uma crença, os argumentos lógicos não são adequados para se combater argumentos do tipo emocional, o comunismo é um estado de espírito fortemente emocional das pessoas muito motivadas mais por sonhos do que pela pesada e contingente autorealidade do espelho. É um sonho de um neocomunismo que nunca existiu, com grupos identitários sendo igualmente respeitados, demanda atendidas dos gays, afrodescendentes, feministas, skinheads, punks, indígenas, movimentos rurais, nada disso nunca existiu em algum país comunista, pois os movimentos sociais de quaisquer tipos são ilegais no comunismo. Nenhuma demanda social ou econômica é permitida no comunismo real, na China, na Coréia do Norte, no Vietnam, em Cuba, na Venezuela ou na Bolívia. Nunca foram permitidas manifestações públicas na exURSS, até mesmo a posse de uma máquina de escrever ou de um mimeógrafo eram controlados, os sistemas de comunicação eram monitorados, então todos estes ativistas sociais estão trabalhando contra os seus próprios interesses. O que fizeram no comunismo real foi: a coletivização forçada, a solidariedade compulsória, a integração étinica obrigatória, tudo estatizado e planejado, os contestadores foram ou reeducados, ou banidos, ou executados, então sabemos como funciona a fórmula do comunismo real, mas não é suficiente pra arrefecer aos febris sonhadores e articuladores do reformismo e revolucionários comunistas obstinados. Não existem outros tipos de comunismos. O único tipo de comunismo que a humanidade conheceu foi um só: autoritário, violento, castrador, limitador, censurador, igualitarista, fechado, monológico, egoísta, excludente, isolacionista, totalitário.

O Perfil dos ativistas O Brasil é o país que forma mais cientistas sociais por ano em todo o mundo, considerando os números brutos, formamos cerca de 277 mil por ano. De longe o maior formador de cientistas sociais do mundo; para que tanto? É a primeira pergunta. A segunda pergunta é o caráter destes cientistas sociais, extremamente críticos do sistema social, a maioria com vieses revolucionários e reformistas, são jovens de classe média baixa em sua maioria, então estes cientistas formam um caldeirão perigoso de reformistas e agitadores no Brasil. Nossas universidades e faculdades se transformaram em fábricas de guerrilheiros sociais, de agitadores sociais, de revolucionários sociais, de reformistas sociais, e de experts em sistemas sociais. Em um país carente como o Brasil, além de sermos experts em sistemas financeiros e econômicos complexos por causa do longo período de inflação e depressão, nos tornamos também especialistas em problemas sociais. Esta naturalização com problemas sociais e com a pobreza extrema nos torna especialistas em lidarmos e contornarmos os problemas sempre inventando e criando alternativas para transcendermos a estes problemas e desta forma a transição, chamada de mobilidade social, entre as camadas sociais se torna um exercício de negociação que adia sempre o conflito social, e permite a convivência de categorias sociais de todo o gênero, de forma que chamaríamos isso de um concerto das classes sociais em convivência negociada e consentida entre ricos e pobres, enquanto que, existe uma classe média que não se reconhece em qualquer dos lados. Este estado beligerante sem guerra que construiu a convivência ou a coabitação da favela dos morros com o asfalto afluente, trocando serviços entre si, e servindo de justificativas uns dos outros de suas existências na divisão social do trabalho social, os ricos garantem a sobrevivência dos pobres, e o mercado de mão de obra, chamado de exército industrial de reserva de desempregados por Karl Marx, o qual garante o suprimento quase inesgotável de mão de obra barata e disponível para os serviços de baixa remuneração para os ricos. Sem os ricos não haveria tanta possibilidade de empregos de baixa remuneração e baixa qualificação e especialização, garantindo que um mínimo de pessoas despreparadas possam de algum jeito dispor de uma alternativa de atividade remunerada, em qualquer tempo. Este conflito latente tende a ser camuflado e escondido pela estratificação da rede de especialidades e da rede de solidariedade social invisível através das igrejas, instituições sociais estatais, instituições sociais filantrópicas privadas, e pela caridade espontânea casual e ocasional residual. Manifestações de junho de 2013 De todas as releituras que se fizeram destas manifestações de junho de 2013, me chama a atenção a perplexidade causada no governo de esquerda instalado no Brasil desde 2007 com a vitória do partido dos trabalhadores o PT, implementando um agenda progressista muito forte através do seu presidente de honra e presidente da República do Brasil, Luiz Inácio Lula da Silva, então fui instado por um importante conselheiro do governo local e nacional do PT, como cientista político para que dissesse a ele o que estava acontecendo no Brasil em junho de 2013, e porquê? Em minha resposta firme, e condicionada pela teoria e vivência das teorias políticas e sociais, disse com convicção e de modo muito claro: Não vejo porque o governo deveria se preocupar com as manifestações, pois faltava aos movimentos coordenação e objetivos. Apenas manifestações ensaiadas para protestar contra o sistema capitalista sem nenhum plano para o dia seguinte. Os jovens costumam ser bons para derrubar, protestar, destruir, mas faltam-lhes objetivos e conhecimento para reconstruir ou fazer uma agenda positiva. Bastava-lhes dar espaço para as manifestações e elas logo passariam do mesmo modo e velocidade com que iniciaram. Do nada para o nada. Não precisa dizer que o meu interlocutor achou que perdeu seu tempo ao ouvir o que ele jamais esperava ou precisava ouvir. Tinha motivos de sobra. O PT acostumou-se a pensar que era o salvador da classe trabalhadora, e por sinestesia o grande bem amado guarda-chuva dos pobres. O PT construiu um enorme aparelho dentro do Estado através da cooptação dos Servidores Públicos Federais - SPF para dominar e controlar todas as instâncias sociais e políticas

comunitárias, corporativistas e
participacionistas, aparelhou o sistema
social e político com os instrumentos de
controle social institucionais de:
conselhismos, participacionismo,
corporativismo, sindicalismo, centralismo
sindical, Movimentos dos "sem alguma
coisa", grevismo, sectarismos, sectarismos
feminista, sectarismo homossexual,
sectarismo étnico, sectarismo regionalista,
excluídos digitais, abriu uma agenda ampla
de direitos subjetivos como casamento gay,
doutrinação comunista nas escolas básicas,
liberação do aborto e da maconha,
criminalização dos antigay, bolsa família,
financiamento Fies, financiamento Pró-Uni,
financiamento da guarnição da casa, Minha
casa minha vida, Institutos de Ensino
Técnicos Federais em todas as unidades da
federação, novas Universidades Federais,
UPAs Unidades de Pronto Atendimento
ambulatorial em todas a unidades da
federação, Nacionalização da construção
naval e a sua regionalização, Captação de
grandes eventos mundiais para o Brasil
como a Copa do Mundo de Futebol e as
Olimpíadas e Parolimpíadas, hoje sabemos
foram compradas através de leilões nas
instituições hoje denunciadas por corrupção
na justiça dos USA como a FIFA e o COI tidos
como fabricantes de sorteios viciados para
venderem as sedes de eventos esportivos,
estabeleceu firmemente na agenda social a
guerra de gêneros e a luta de classes,
definitivamente e claramente como frentes
de batalhas políticas do programa
comunista do governo do PT. Usou como

nunca os anés burocráticos para financiar as atividades parpartidárias, as eleições e os quadros profissionais e administrativos internos da máquina partidária, subornou os membros dos poderes, onde se destacam os flagrados escândalos de estorsão de empresas estatais e empreiteiras de obras no Estado para o suborno de políticos, juízes e parlamentares através de operações criminosas chamadas de Mensalão e o seu gigantesco tio o Petrolão. Esqueceram dos efeitos colaterais. A aprovação da "presidenta" socialista que vinha fazendo um governo mais conservador com um mandato diferente agora do primeiro mandato, depois de reeleita, sua aprovação caiu de 57% para 30%. Então foi após um conjunto de manifestações no mesmo dia em 75 cidades e capitais em todo o Brasil que reuniu um milhão de pessoas nas ruas. Quem orquestrou tudo isto, se as bandeiras partidárias foram rechaçadas em todas as manifestações, os conhecidos parceiros de manifestações populares estavam banidos, o PT, PCdoB, PSTU, PSOL, UNE, PCO, CUT, foram proibidos de desfraudarem suas bandeiras em público? O Black Bloc mostrou suas armas juntamente com o grupo Anonymous. Como explicar que o governo federal tão bem aparelhado politicamente, com o controle de todos os canais de manifestações e manifestantes e ativistas profissionais sob seu controle, estando aparelhado com SPF e simpatizantes petistas, ainda assim perdera o controle da rua? Gilberto Carvalho o arquiteto da cooptação das instituições sociais, ONGs, OSCIPs, da aparelhagem e do aparelhamento social do estado perguntava perplexo, onde foi que o controle das insituições populares e corporativistas falhou? Não sabia ele que quando se constrói o instrumental participacionista se adjudica o controle dele ao movimentos sociais autárquicos por definição e natureza. Se os partidos políticos foram desconvidados das manifestações, então estes movimentos estão articulados por quem e por qual objetivo? A segunda resposta é: foi um ataque ao capitalismo mundial. A primeira resposta é que: uma nova instituição internacional substitui a Internacional Socialista e o Comunismo internacional não querem mais a mediação dos partidos e dos políticos de esquerda desacreditados e descredenciados; Agora agem sem intermediários em sua luta não declarada e não identificada contra o capitalismo e liberalismo internacional sem uma bandeira, sem um nome, sem uma identidade clara e explícita. Este organismo internacional existe, e se chama Conferência Mundial dos Povos, haurida dos Fóruns Mundiais. Esta conferência coordena as ações de outra instituição chamada Ação Global dos Povos que divulga suas idéias e ações através da instituição também independente e virtual chamada Centro de Mídia Independente. Estas três instituições não têm personalidade jurídica nem sede física. Possuem estatutos e uma coordenação eleita e temporária. Então mudou a forma e a estrutura de atuação do comunismo internacional que não se chama mais pelo seu nome. Sua agenda acomoda todos os tipos de atividades de ativismo: a) Invasão; b) Protestos; c) Movimentos; d) Atos; e) Marchas; f) Passeatas; g) Ação; h) Manifestação; i) Jornadas; j) Revoltas; k) Ondas; l) Ocupação; m) Rolezinho; n) Provocação; o) Depredação; p) Encenação; q) Performance; r) Arrastão; s) Show. Agora faz sentido como uma variedade tão ampla de agenda de demandas pode ser acomodada aos mais diversos tipos ativistas e grupos multiculturais de agitadores, como o MPL que apoiou desde a greve e passeata dos motoboys, às greves dos caminhoneiros, bloqueando 17 rodovias em nove estados, bem assim como apoiar o dia nacional de luta, em 11 de setembro de 2013, ainda assim incluir ações como atacar lojas da Mac Donalds, destruir revendedoras de automóveis de alto luxo na Paulista, e até ações que não tinham reivindicação alguma, assim, a criação de tumultos cria o ambiente para o caos nos sistemas político e social, o passo seguinte é associar o fracasso total das instituições não apenas ao governo híbrido de Dilma Roussef, meio comunista e meio liberal, a culpa, deve ficar claro, é de que o sistema democrático capitalista liberal não tem respostas para a sociedade: encontra-se esgotado. Mas, tem dia seguinte, não fossem apenas as lembranças e destruições materiais a onda de ações reflui e tudo volta ao normal sem continuidade, sem consequência e sem sequência, exceto as reconstruções dos efeitos colaterais físicos e políticos. Não é uma guerra ou guerrilha urbana, é uma disputa de hegemonia nas versões gramscianas da guerra de posições e guerra de movimento. Guerra de posições travada na conquista das posições de esquerda na opinião pública conduzida, induzida ou favorável aos movimentos, não necessariamente a compreensão política pelas massas, pois os ativistas se consideram os protagonistas e os tutores da consciência política coletiva, e; a guerra de movimentos sociais onde grandes massas mobilizadas ativamente nas ruas acompanhadas dos movimentos sociais organizados politizados mobilizados para arrastar multidões mimetizadas e motivadas através de grandes golpes de emotividade despertada pelos ressentimentos profundos das classes sociais em conflitos permanentes, através de discursos inflamados, grandes efeitos cênicos e momentos de violação psíquica coletiva no auge de agitação do momento histórico que possui todos os ingredientes motivacionais convenientemente distribuídos entre os insatisfeitos, servidos de muita: violência, encorajamento, solidariedade, cumplicidade, solidariedade orgânica e mecânica e apoio solidário compartilhado em público. Embora a massa seja levada pelo sentimento de pertencimento a um evento histórico e coletivo, nem mesmo os movimentos sociais sabem com precisão qual será o passo seguinte àquelas manifestações. A mistura de eventos e de demandas que levam às agendas tão amplas que incluem os gritos de "Não vai ter Copa" sem deixarem claro como eles vão impedir que a Copa não se dê, estes gritos têm efeito ameaçador e enigmático para a população, parecem bravatas inconsequentes de gente insone que acabou de sair das redes sociais para a vida real, são membros da classe média com idade entre 14 anos e 29 anos, mais de 63% somente 8% possuiam só o ensino básico incompleto, 76% trabalhavam e 52% estudavam. Olhando-se o perfil típico do estudante e da estrutura dos cursos universitários no Brasil percebe-se que o Brasil é de longe o país que mais forma cientistas sociais no mundo, cerca de 277 mil por ano, isto coloca o Brasil numa condição onde somos a derradeira fila de matemáticos e engenheiros em geral. Durante a década de 80, a antiga União das Repúblicas Socialistas Soviéticas projetaram a formação de cerca de 300 mil matemáticos por ano! Entre engenheiros, estatísticos, físicos e Matemáticos para suportar a corrida tecnológica com o seu mais bem preparado adversário na Guerra Fria, os Estados Unidos da América do Norte! E o Brasil ficava deitado em berço esplêndido, subvalorizando os seus engenheiros, sem falar dos físicos que eram formados apenas para serem professores, juntamente com as levas de matemáticos, isto a uma taxa anual de alguns milhares, quando muito não passavam de 20 mil formados por ano, enquanto isso as nossas universidades continuam a despejar milhares de médicos (60 mil, incluindo auxil. Téc. e terapeutas) e de advogados (70 mil) na maior advocracia do mundo, perdendo em número de advogados por habitante apenas para o Japão. (O Brasil forma por ano: 277 mil Cientistas Sociais - Campeão mundial neste setor é o País do Blá-blá-blá, como diria o Ex-ministro Sérgio Motta: "masturbação sociológica", 200 mil Educadores e 108 mil administradores. Veja quanto os países protagonistas da tecnologia lançam de engenheiros por ano: China 640 mil/ano; Índia 340 mil/ano, EUA 201 mil/ano; Rússia 190 mil/ano; Japão 177 mil/ano; França 103 mil/ano; Alemanha 66 mil/ano; Inglaterra 60 mil/ano, Espanha 50 mil/ano; Polônia 50 mil/ano; Itália 36 mil/ano). Somos a pátria dos estudantes do blá blá blá sociológico, como dizia o ex Sérgio Mota ex ministro de comunicações do governo FHC que dizia que este contingente de pensadores eram masturbadores de pensamentos sociológicos. O Brasil se destaca no mundo na formação advogados, somente fica atrás do Japão, e fica entre os maiores formadores de professores e administradores. Somos menos Matemática e mais ciências humanas. Talvez isto explique a quantidade de sindicatos e organizações de militantes políticos. Talvez. Fica fácil verificar porque este perfil de manifestantes com renda majoritariamente maior que dez salários mínimos, com o piso em cinco salários mínimos iria se mobilizar pelos dois centavos a mais das passagens de ônibus. Não era pelos dois centavos, como eles mesmos disseram, os militantes do MPL. Por trás desta mobilização existe uma articulação da nova estratégia dos neocomunistas pós Muro de Berlim detonado, e pós Glasnost, e pós Perestroika. Estes jovens ativistas perceberam que o mundinho da internet é muito segmentado, não existe a tão falada comunidade aberta dita pelos incipientes do mundo digital que não conhecem a arquitetura do mundo das interredes, os Facebooks e outros sites dividem os membros em comunidades fechadas cujo ingresso e permanência nas subredes de grupos dependem de um convite e aceitação do convite para a entrada, e permite a exclusão pelo bloqueio do convidante para o convidado, portanto são correntes de membros internamente fechada e limitada, por afinidade, por isso estas subredes só tem mais do mesmo, são pessoas que comungam gostos e preferências afins, previamente selecionadas.

A teoria é a bússola que guia as ações dos indivíduos para dar coerência às suas interpretações cognitivas sobre o os fatos, e orientar os atos voluntários, sua importância reside na sua capacidade de penetração sobre as fenômenos além do horizonte do senso comum.

O pêndulo da História oscila entre uma e outra tendência e, dependendo do grau de civilização se em maior ou menor grau de evolução, poder superar ou não este processo hesitante e partir para o conglobado em sua forma plena.

o autor

O Futuro: Entre a Anarquia e o Totalitarismo

A natureza só produz protótipos. Nada pode ser reproduzido na natureza, tudo nela é singular. Melhor do que qualquer assinatura eletrônica é a assinatura única do fundo dos olhos, não existem duas iguais, assim como o DNA, exceto nos gêmeos univitelinos. Não existem duas folhas iguais na mesma planta, na mesma espécie, nem em toda a flora. A natureza não faz cópias.

Se existirem outras formas de vida inteligente em outros lugares do universo com certeza serão diferentes de nossa forma de vida terrestre, terão encontrado novas e variadas soluções para ambientes diferentes mais quentes, mais frios, mais secos, mais ácidos, mais básicos, menos nitrogenados, menos carbonados, mais sílicos, mais radioativos, enfim possibilidades e condições para gerarem criaturas completamente diferentes das existentes aqui.

O passado nunca há de voltar, o mundo jamais será como foi. Estamos entrando numa nova era, aliás, o fazemos todos os dias, como diz um teorema de Aumman "um jogo nunca se repete, pois criam-se referências e relações entre os jogadores gerando expectativas previsíveis sobre o seu comportamento".

Já estamos vacinados contra certos erros
que jamais repetir-se-ão, a não ser como
farsa , pois já o sabemos das conseqüências.
À falta de alternativas viáveis a acomodação
e a indiferença enganosamente sugerem-
nos uma pseudo passividade, mas a
verdade é que a mudança está por
acontecer estejamos ou não preparados
para ela. O novo mundo terá uma nova face
marcada pela simultaneidade da rede
mundial (network) e pela velocidade, não
será mais possível esconder informações
nem qualquer outra mudança.

Os fatos varrem o mundo de um pólo a
outro na velocidade da internet. Logo
estaremos desnorteados sem saber para
onde vamos, tal a velocidade com que as
mudanças acontecerão sem nenhum
controle dos governos nacionais,
infranacionais e de quaisquer organismos
multilaterais internacionais.

Os estados nacionais não mais poderão nos
forçar pela violência legítima e não serão
barreira à circulação de idéias, pois já não
controlam a moda, os costumes, as drogas,
a circulação de capitais, também não serão
obstáculos e não poderão opor censura à
circulação e surgimento de novas
ideologias, religiões, modismos e estilos
novos de vida para-estatal, para-moral e
para-legal, seremos a maioria na submersão
da economia, da identidade cultural, na
moda, cada tribo, cada língua, cada estilo
de vida, lazer, alimentação, vestuário,

cultura, habitação, religião e diversão. Será
o fim dos padrões numa verdadeira
revolução de classes com o total
desaparecimento das referências hoje
dadas pela burguesia concentrada em
algum lugar do extinto primeiro mundo ao
qual poucos invejarão neste novo
multiculturalismo do neofeudalismo
cibernético.

Prever o futuro é, apesar dos riscos, um
exercício fascinante da criatividade humana
e que não deve, em virtude disto, ser
confinado apenas aos esotéricos.

Considerando as incertezas é possível
estabelecer algumas expectativas com
relação ao tipo de organização social que
teremos a partir da perspectiva analítica da
categoria ontológica do poder, segundo o
tipo e forma que irá organizar a sociedade.

Contudo qualquer previsão realista para ter
alguma credibilidade deve estabelecer um
horizonte de médio e de longo prazos.

É dentro destas premissas básicas que se
deseja discutir e explorar a contraposição
entre a anarquia e o totalitarismo, tema
explorado pela ficção futurista a qual tem
mostrado forte predileção pela hipótese
totalitarista: por quê?

As razões para esta preferência com relação
ao fim da democracia e liberdade numa
superpopulação no mundo futuro decorre
da expectativa da impossibilidade de

administrar-se uma sociedade complexa e hipertrofiada com os recursos e métodos de hoje, assim, não restaria outra alternativa senão o inexorável progresso da estratificação social natural, conseqüência da especialização, da microdivisão do trabalho social, da grande afluência das máquinas inteligentes, da divisão entre os que detém o conhecimento, a riqueza, a cultura, e os que não os detém.

Mas, existe um grande equívoco neste raciocínio reducionista que precisa ser desfeito. Nota-se uma forte tendência de comparar-se as soluções entre uma sociedade humana super populosa com a estrutura social de uma colônia superpovoada de insetos, com o seu sistema inflexível de administração o qual há milhões de anos sofrera poucas mudanças adaptativas o que prova de fato o seu sucesso.

Ocorre que o ser humano é antes de tudo racional capaz de pensar sobre a sua própria condição e organização, além do mais o organismo humano é altamente sofisticado quase garantindo-se-lhe a autonomia, ou seja: qualquer indivíduo adulto é capaz de sobreviver longe da sua própria espécie, evidentemente nas sociedades dos insetos isto seria impossível, pois ali a divisão do trabalho social é vital para a complementação da sua provisão de abrigo, defesa e subsistência que de outra maneira seriam impossíveis longe da comunidade, onde o inseto isolado pereceria em poucas horas, se longe de seu habitat, por estes motivos a tentativa de transpor o modelo de organização desta sociedade rigidamente estruturada do insetos para o mundo humano, considerando apenas a questão demográfica, seria no mínimo temerário pois não considerar a componente sociológica imanente no modo individualista e autônomo humano os quais poderiam conduzir à situações imprevisíveis, tais mudanças poderiam colapsar o sistema social, político e econômico tanto pela variedade, velocidade e intensidade das demandas requeridas pelas mudanças, o que está totalmente compatível com a sociedade de insetos.

Sistemismo

• O sistemismo é uma teoria conservadora que preocupa-se com o problema da governabilidade do sistema social e político das sociedades ditas liberais. Excetuam-se neste caso os processos de colonização e de formação das elites políticas no Brasil, principalmente o caráter patrimonialista e os seus derivados: clientelismo e paternalismo estatal.

• O sistemismo não se ocupa da análise do regime político mas do processo de solução e do atendimento das demandas que chegam à agenda política do governo, e da formação desta agenda (governabilidade). O processo de seleção da agenda do governo é parte da solução do problema político, assim como a velocidade e a capacidade de atendimento das demandas são críticos para a estabilidade do sistema (governança), pois que no sistemismo o objetivo das alocações arbitrárias de valores pelo governo para o meio-ambiente parapolítico é a estabilidade do sistema político, diga-se, a estabilidade do governo (governabilidade).

• O sistema político brasileiro tem mantido uma tal estabilidade que é possível afirmar-se que as mudanças de regime e forma de governo foram suficientes apenas para reposicionar as elites em novos patamares de estabilidade ao longo dos quase cinco séculos da História do Brasil. Nenhuma mudança estrutural aconteceu pois que a classe dirigente vem mantendo-se no poder comprovando a sua competência política e a estabilidade das elites que souberam manter a coesão nos momentos críticos mudando pontualmente onde foi necessário a mudança para manterem-se no poder.

Pluralismo (divisão do poder entre instituições formais e informais)

• Os Estados Unidos são o grande exemplo de pluralismo onde instituições não-estatais competem pelas alocações de valores políticos do governo interferindo substancialmente nas decisões do Estado de modo consistente, através do poder que possuem de interferirem no processo de formação de agenda, formulação das leis, nas votações das leis e na escolha e na implementação ou no bloqueio de decisões do Estado, isto só é possível porque no sistema pluralista os atores e agentes políticos estão no mesmo nível e por isto podem disputar na mesma arena decisória as alocações de valores políticos, econômicos e sociais, de forma que a sociedade se vê representada nos seus interesses coletivos, difusos, corporativos, específicos e públicos nas alocações do governo.

• No Brasil a falta do processo histórico de construção de uma sociedade civil democrática tem impedido que o governo encontre interlocutores sociais fora das elites, ensejando que as alocações de valores políticos sejam conduzidas de acordo com os interesses de atores e agentes específicos que têm acesso à arena decisória restrita a estes círculos do poder, com isto a sociedade civil fica alijada do processo de elaboração das agendas do governo, do processo de encaminhamento das leis, das decisões e não-decisões do governo. Assim o conflito entre Estado e sociedade civil acirra-se ou mascara-se, o que suscita o surgimento das alternativas ensaiadas ao longo da História política do Brasil para a mediação destes conflitos que foram: ditadura populista, autoritarismo institucional, autoritarismo desenvolvimentista, corporativismo, patrimonialismo e clientelismo.

Marxismo (estruturalismo)

• O marco teórico do marxismo enxerga a formação da sociedade civil do Brasil como um processo histórico resultante do sistema de produção pré-capitalista onde o mercantilismo determinou todo o comportamento e formação das elites hegemônicas da política do Estado brasileiro, que começou com um sistema de monocultura de exportação de açúcar com mão-de-obra escrava e atrelado aos interesses da metrópole, dentro de um sistema de exploração e acumulação com o epicentro nas potências hegemônicas, Inglaterra, França, Espanha, Portugal e Holanda, que exploravam os demais países e colônias diretamente ou indiretamente através do processo de extração da mais-valia, ou surplus, sobre o esforço exploratório das trocas desiguais e do trabalho não-remunerado do sistema produtivo econômico da periferia do sistema central mais evoluído, assim a exploração começava nas colônias e estendia-se entre os países semiperiféricos metropolitanos onde o mais poderoso transferia para si, através da opressão do aparelho privado de hegemonia ou pela estrutura imperialista, o capital acumulado pelo sistema de exploração colonial em cadeia, desde a colônia, passando pela metrópole (semiperiferia) até os cofres dos detentores do capital reprodutivo (centro), cuja acumulação só era limitado pelos parâmetros militares, financeiros e geográficos.

• O Brasil, portanto, subordinou-se diretamente(à metrópole / semiperiferia) e indiretamente(ao centro), através dos compromissos de Portugal (metrópole) com a Inglaterra (centro), Espanha e França, ao processo de exploração capitalista o que o impediu de desenvolver uma política econômica autônoma ou desatrelada destes compromissos.

Teoria dos Jogos

• Como foi visto, a teoria dos jogos permite enxergar o processo dinâmico onde as decisões substanciais políticas são tomadas em circunstâncias condicionadas pelas decisões e fatos passados e pelas incertezas com relação às decisões e condições futuras. É bom lembrar que a avaliação das circunstâncias políticas históricas são feitas pós-fato, mas o momento da implementação das decisões foi cercado de incertezas e de expectativas que confirmadas ou não conduziram o processo político até a situação em que se encontra hoje o País. Portanto o processo histórico é a conseqüência desta série de decisões políticas tomadas dentro de circunstâncias determinadas e contingentes, onde as alternativas possíveis diante daquelas circunstâncias estavam colocadas vis-a-vis às expectativas das respostas dos parceiros e adversários internos e externos, portanto o grau de liberdade decisória para implementar as decisões ideais influiu de modo determinante nas condições de incertezas para as tomadas daquelas decisões: portanto as decisões eram limitadas pelas condições e pelas limitações dadas internamente ou externamente.

Novo Institucionalismo (Poder difuso que assume as instituições)

• Esta teoria torna possível examinar o poder latente e sutil (difuso) que existe nas instituições democráticas que podem modificar substancialmente os resultados esperados pelas instituições, regras e práticas perfeitamente democráticas, no processo político e institucional, para manipular a vontade majoritária nas decisões estabelecidas pela regra da maioria, de modo a obter-se um resultado diferente daquele desejado pela maioria.

• Esta manipulação da vontade majoritária torna-se possível na prática em virtude de uma série de recursos democráticos em que o condutor do processo dispõe do controle das ações determinantes dos resultados, ora estabelecendo uma determinada seqüência na agenda, ora retirando as propostas da apreciação, ora por causa da natureza e da distribuição espacial das preferências dos atores, ora pelas limitações das opções disponíveis, ora pelas condições e contingências as mais variadas, ora pela necessidade de cooperação entre os participantes, ora pela aglutinação dos atores e das preferências, ora pela mudança das regras, enfim todas aquelas condições.

• Como exemplo de tentativa de

modificação das expectativas eleitorais diante da ameaça de mudanças políticas pela oposição durante o Regime Militar de 1964-85 poderíamos citar, apenas para argumentar:

• Para enfrentar e conter o ímpeto das mudanças o governo federal apelou para um seqüência de atos que modificavam constantemente as regras na expectativa de controlar e abortar o avanço da mudança democrática que era apontada pela vontade popular, assim seguiram-se: aumento da representação na Câmara dos Deputados de 310 para 364 cadeiras tendo o eleitorado como base de representatividade proporcional das cadeiras em lugar da população, mas proibindo a sublegenda, na perspectiva de barrar o crescente avanço da frente de oposição representada pelo MDB e as suas facções internas; resultado: MDB amplia a despeito desta proibição sua representação elegendo dezesseis dos 22 senadores obtendo sessenta por cento dos votos, aumentou a sua bancada na CD de 28% para 44% em 1974, elegendo maioria ainda em seis assembléias estaduais, comparando com a situação anterior às eleições quando o governo detinha 72% das cadeiras da CD e 89% do Senado Federal quando a oposição chegou até mesmo a pensar na sua autodissolução.

• Então, o governo reagiu novamente criando leis que proibiam a propaganda eleitoral, porque a oposição utilizou na campanha o horário gratuito para externar as mazelas que o governo escondia da população através de campanhas permanentes nos mídia sobre o Brasil grande e feliz, assim realizaram-se as eleições municipais de 1976, quando o efeito destas novas medidas recuperaram a vantagem para o governo exceto nas maiores capitais onde a oposição venceu, deixando uma ameaça para o governo federal para as eleições seguintes de 1978.

• O governo federal saiu-se com novas medidas para impedir o novo sucesso da oposição, então o presidente decreta recesso no Congresso na primeira quinzena de abril de 1977 e solta as novas medidas que ganharam o apelido de Pacote de Abril. Consistiu na manutenção de eleições indiretas para governadores através de mudanças no colégio eleitoral com mais representantes municipais do que estaduais (o governo vencera as eleições municipais anteriores), e para garantir a maioria no Senado Federal o governo instituiu a eleição indireta para senadores pelo mesmo colégio eleitoral que escolheria as governadores, para 1/3 do Senado, para o outro terço seria admitida a sublegenda, para que múltiplos candidatos da ARENA, grandes nomes, pudessem competir pelas cadeiras no mesmo partido. A Câmara aumentou o número de cadeiras de 364 para 420, voltando o coeficiente a ser proporcional ao número de habitantes e não de eleitores como era desde a última mudança, estas mudanças foram vistas para aumentarem a representação dos estados do Norte e

Nordeste que eram os redutos do partido governista, a ARENA.

• Com estas mudanças a ARENA ficou com 42 cadeiras contra 25 do MDB, não surtindo efeito na Câmara dos Deputados.

• Assim o eleitorado brasileiro apresentou uma excepcional constância e coerência nesses últimos 38 anos, com alta previsibilidade dos resultados a despeito das incontáveis mudanças de partidos, siglas, nomes, legislações e instrumentos de representação, que foi a constante e contínua queda da direita. A ARENA perdeu 1% ao ano de votos válidos totais. Assim, a ARENA recebeu 50,5% dos votos válidos em 1966, 48,4% em 70, 40,9% em 74, 40% em 78.

• A nova Lei Orgânica dos Partidos de 1979 extingüiu o bipartidarismo, ARENA e MDB, e instituiu o multipartidarismo, na expectativa de explodir a oposição. Criaram-se novos partidos: PT, PMDB, PP, PDS, PTB, PDT, PC e PC do B. Para garantir que os partidos de oposição não se juntariam, em 1981 ficou proibida a coalisão entre partidos, obrigando os partidos a apresentarem candidatos para todos os cargos, e instituiu-se a vinculação dos votos.

• O resultado foi que o PDS, governista, ficou com maioria no colégio eleitoral, mas a oposição elegeu 245 deputados federais (PMDB 200, PDT 24, PT 8, PTB 13) e os governistas 235. Em 1982 a oposição elegeu

10 dos 23 governadores, em 1984 o movimento pelas eleições diretas ganhas ruas, o presidente Figueiredo abandona a sucessão presidencial à sua própria sorte depois da rebeldia que o seu partido de apoio, o PDS, indicou outro candidato, Maluf, em lugar do candidato oficial, Andreazza, tendo o vice-presidente Aureliano apoiado o movimento popular das "diretas já!", o agravamento da crise institucional, a perda de credibilidade do governo federal e as manifestações e greves no ABC -paulista foram o estopim para disputas entre adesistas e oportunistas no governo federal.

Esta engenharia político-legal produziu as seguintes mudanças nas regras eleitorais e partidárias, com a expectativa de manter vantagem política:

TABELA VIII-1

AI-1 normas de inelegibilidade de candidatos e cassações de políticos de oposição

EC-9 coincidiu as eleições presidenciais com legislativas federais, de governadores, vinculou a eleição do Presidente com a do Vice-presidente, estabeleceu a eleição presidencial por maioria absoluta, reduziu o mandato do presidente para quatro anos

EC-12 nomeou prefeito das capitais

EC-14 estabeleceu os prazos de domicílio eleitorais de quatro anos para candidatos a governadores, de dois anos para candidatos a prefeitos

o Código Eleitoral proibiu as coalisões entre partidos para as eleições proporcionais, proibiu candidatos a aspirarem cargos diferentes na mesma circunscrição e ao mesmo cargo em circunscrições diferentes

AI-2 extingüe os partidos políticos e cria o bipartidarismo

AI-3 cria as eleições indiretas para os governadores e cassa políticos da oposição

EC-4 cria a sublegenda podendo cada partido lançar até três candidatos ao mesmo cargo, a CF-67 diminui a representação na câmara federal para os estados mais populosos, inclui os delegados das assembléias estaduais no colégio eleitoral, cria a eleição indireta nos municípios de segurança nacional, separa as eleições dos prefeitos em dois anos da eleição dos governadores reduzindo o tempo de domicílio eleitoral

AI-5 estabeleceu a censura prévia e suspendeu o habeas corpus

AI-7 suspendeu as eleições em alguns estados

AI-11 uniformiza a data das eleições dos prefeitos e governadores

EC-1 passa a utilizar o eleitorado para o cálculo da representação e reduz representação da Câmara dos Deputados de 409 para 310 cadeiras, cria o mandato-tampão para provocar a defasagem entre as eleições municipais, nacionais e estaduais, cria o voto vinculado, amplia o mandato do Presidente para cinco anos

Cód. Eleit./74 manteve o eleitorado como base de cálculo mas aumenta as cadeiras na Câmara, permite o acesso amplo dos candidatos à TV, proíbe a sublegenda para o Senado, institui a candidatura nata – Lei Falcão – que limitou e restringiu a apresentação dos candidatos na TV

Pacote de Abril incluiu representantes das câmaras municipais nos colégios eleitorais dos estados, senadores biônicos (senadores nomeados pelo governo em 1/3), cálculo da representação volta a ser baseado na população e não nos eleitores, inclusão dos delegados das assembléias legislativas para o colégio eleitoral presidencial com ampliação do mandato do presidente para seis anos

EC-11 abrandou a exigência para a formação de novos partidos, manteve normas de fidelidade partidária nas câmaras legislativas.

AI-Ato Institucional; EC-Emenda
Constitucional; CF-Constituição Federal.

Populismo (elites X massa[povo]) –
Pareto[elites] X Mitchels / Mosca[elite]

• A expectativa trazida pelo populismo
traduz uma tentativa de se fazer política
apartidariamente, baseada na
personificação exclusiva do líder
carismático, com isto pretende-se
desideologizar-se a política; ou seja: fazer
política sem a classe política.

• O populismo traduz uma expectativa
apriorística de que seria possível reduzir o
processo penoso de alcançar o consenso ou
as maiorias e de se chegar às alocações de
valores a despeito das divergências, das
diferenças e especificidades que "retardam"
as soluções globais e gerais impostas pelo
ditador benevolente que ausculta as
aspirações populares e vai ao seu encontro
a partir do seu próprio feeling. Esta
expectativa é a alternativa mais curta em
relação a morosidade imanente ao processo
democrático, pluralista, participativo, o qual
pode não ser a melhor, mas parece ser a
mais expedita.

• Como o problema da representatividade
exaustivamente estudado e dissecado por
Rousseau conclui pela impossibilidade de
qualquer sistema de governo ou de
qualquer político representar a vontade de

outro indivíduo, resta-nos o consolo de, ao menos, saber que quanto maior o processo de participação coletiva nas decisões políticas mais próximo estaremos da verdadeira representatividade, como aliás os princípios de democracia e liberalismo construídos por Rousseau estabelecem.

• No Brasil a experiência populista trouxe resultados positivos para a alavancagem do desenvolvimento pelo efeito paralelo ao processo de alijamento da classe política viciada, provinda principalmente da oligarquia rural majoritária, das decisões na arena central do poder precisamente porque esta classe hegemônica era nucleada justamente pela oligarquia patrimonialista clientelista, portanto, a sinestesia ou a metástase do populismo de Vargas foi a criação das condições para uma mudança do modelo de Estado voltado para a maioria da população e não atrelado ao setor agrário, estático, assim, os setores mais dinâmicos da economia, que agregam mais valores e que têm uma maior capacidade de distribuir renda foi o que mais beneficiou-se do afastamento das oligarquias patrimonialistas agrárias do núcleo do Estado.

Corporativismo (estado chancela e patrocina as instituições)

• No esquema populista de Vargas o Estado patrocinava a conciliação dos interesses heterogêneos entre capital e trabalho no sentido de retirar todo o potencial de conflito e a expectativa de confronto de interesses de classe, substituindo-o por um modelo de intermediação e integração onde o Estado funcionava como intermediário, regulador, moderador e árbitro, que patrocinava a conciliação dos interesses, e evitava que um segmento obtivesse vantagens muito maiores do que qualquer outro setor.

Liberalismo

• A expectativa do liberalismo era a de que o Estado não privilegiasse quem quer que fosse em detrimento de quaisquer outrem. Portanto a premissa liberal exige que ninguém receba tratamento diferenciado, seja em razão de diferenças ou de potencialidades. Qualquer tipo de discriminação seja positiva ou negativa, seja privilégio ou ônus, não pode ser patrocinada, tolerada ou conduzida pelo estado.

• O governo deve evitar que qualquer segmento tire vantagem de sua proximidade ou interesse do governo para beneficiar-se, mesmo que seja em benefício coletivo.

• Esta perspectiva liberal é que aglutinava as oposições dentro de setores da elite política contra as medidas que privilegiavam os setores dinâmicos regionais da economia, como o setor de cafeicultura paulista, o setor industrial paulista, o setor agrário mineiro, assim por diante, então a competição intra-elite brasileira explica-se pelo fato de que sempre era possível identificar uma divisão política, estadual, regional ou partidária em conseqüência destas preferências demonstradas nas alocações assimétricas e preferenciais de valores pelo Governo Federal na Velha República.

Democracia (direta / indireta / mista)

• Dentre as formas de regime de governo o democrático pode ser tipificado pelos principais modelos: direto, indireto e misto. O direto somente pode ser hoje identificado em países pequenos com a Suíça, por exemplo onde as decisões são encaminhadas diretamente pelos eleitores nas assembléias públicas diretamente com as partes interessadas na agenda. A forma indireta é aquela em que os representantes eleitos principalmente os vereadores, deputados federais e estaduais recebem uma procuração tácita da população para representar os interesses coletivos, corporativos e específicos, dependendo da forma como foram eleitos pelo sufrágio popular em eleições diretas, indiretas, proporcionais, majoritárias, em listas abertas ou fechada, vinculadas ou não, distrital ou universal. O sistema misto seria uma mistura dos anteriores, direto + indireto.

Autoritarismo

• Este regime de governo representa uma

expectativa de controle absoluto sobre as variáveis políticas numa tentativa de estabelecer um processo concentrado e centralizado de decisões em que o grau de incertezas com relação ao processo decisório seria minimizado. Pode representar um impasse na sociedade política ou representar a perspectiva de superação de um processo de reorganização após um período de mudanças ou revoluções. O autoritarismo representa um retrocesso histórico conquanto o processo de divisão e de independência dos poderes representa a evolução do processo penoso de consolidação da organização social que se traduz na derrogação do modelo de governo baseado no dogma da infalibilidade e na hegemonia dos dirigentes.

• Para contrapor-se aos poderes ilimitados dos dirigentes é necessário que o mesmo poder seja outorgado à outras instituições através da retirada de poderes do executivo e a adjudicação deles a outros poderes, que normalmente são o legislativo e o judiciário, podendo haver outros no caso do pluralismo, onde a arena decisória pode ser tão ampliada quanto seja mais organizada a sociedade para disputar na arena central as alocações de valores com as outras instâncias governativas.

Anarquia

• Os teóricos da anarquia reúnem argumentos os mais diversos desde os gregos até Proudhom, Saint Simon, sobre o potencial de corrupção e do potencial de qualquer forma de governo terminar degenerando-se para uma oligarquia. Portanto, advogam uma forma de civilização sem governo, a anarquia, onde a todos é dado igual capacidade de autogoverno, onde as cooperativas e associações de produtores, artesãos, técnicos e cientistas trabalham livres de qualquer forma de opressão e de exploração, onde a cada qual é garantido a sua necessidade e de cada um é esperado o produto de sua capacidade e disponibilidade.

Patrimonialismo

• Esta forma de organização da sociedade foi exemplificada por Max Webber onde a tradição determina que as relações de mando e as normas estão subordinadas às subjetividades do senhor que está acima das normas e de qualquer forma de racionalidade instrumental, ou seja, da racionalidade onde o conhecimento e a organização estão voltados para os fins, para os resultados e não em função da honra e do prestígio dos servos e senhores que pertençam aos estamentos e às castas sociais, onde os cargos são prebendas ou privilégios em retribuição às lealdades com relação ao senhor patrimonialista.

• As ligações tradicionalistas estabelecem-se entre os senhores nas castas e estamentos com os servos que tanto podem ser recrutados dos membros da clã, entre escravos, domésticos, clientes, colonos, pessoas confiáveis, ou através de pactos de fidelidade para conquistar novos adeptos de confiança, onde também são negociados cargos, prebenda (compra de cargos no governo, ou troca de vantagens por cargos), algumas funções podem ser contratadas de mercenários e o povo é formado ou é tratado como súdito.

• Não se considera no Patrimonialismo: a competência, e a qualificação; a hierarquia é variável interveniente da lealdade, utilidade e submissão ao senhor patrimonial, a nomeação e ascensão normatizada são coisas inúteis, assim como a formação profissional não pesam nas retribuições e no reconhecimento se não as precederem a lealdade e a submissão, o salário fixo ou em espécie são formas menos importantes de retribuição, outras formas não convencionais de retribuição são as mais lucrativas e generosas.

• Não existe competência e funções delimitadas, faz-se aquilo que o senhor determina independentemente da capacidade, divisão de tarefas, competência, pertinência ou especialização.

OS SERVOS SÃO PARTE DO PATRIMÔNIO DO SENHOR

Network Police

• Network Police é uma abordagem teórica que tem como pressuposto a poliarquia (=pluralismo), onde as categorias analíticas ontológicas dos atores, agentes, arenas, ação e decisão são construídas e utilizadas no contexto de análise, no contexto de descoberta e no contexto de justificação. Portanto, este marco teórico requer que estas condições ceteris paribus sejam reconhecidas no sistema político ou socioeconômico com relação ao acesso ao sistema de regras de igualdade para o acesso ao processo de alocação de valores para que as condições sine qua non sejam estabelecidas para o encetamento desta forma de análise, no qual nenhum dos atores pode ter algum privilégio por ser autoridade, mas, podem dispor de recursos de poder diferenciados em função apenas de sua instrumentalidade, como por exemplo, conhecimento das regras, capacidade de negociação e de formação de alianças, barganha, potencial econômico, conhecimento, experiência, importância, legitimidade, capacidade de articulação e de formar preferências e opiniões na sua ou em outras arenas. Portanto o acesso à arena deve ser universal para os atores, sem pré-requisitos, sem privilégios nem pré-condições. O networw funciona como um mercado livre na política.

Imperialismo

• O imperialismo hoje faz parte de um processo de reavaliação da relações internacionais onde o realismo Hobbesiano impõe uma hierarquia dentro de uma perspectiva de conflito onde destacam-se as potências que disputam a hegemonia sobre as demais nações ou outras potências, dividindo o mundo em áreas de influências, protetorados, aliados e inimigos, para ali exercerem a sua dominação através da ocupação territorial, através da ameaça, através da intimidação, através de acordos internacionais, ou através da subordinação e intervenção direta e indireta nos governos e organismos multilaterais.

• A percepção da influência do imperialismo na História do Brasil está descrito através daqueles estudiosos que filiam-se às perspectivas teóricas dos externalistas, marxistas e dependencistas, como Fernando Henrique Cardoso, Enzo Falleto , Boris Fausto e Gorender. Estes pensadores constroem uma explicação para as mudanças internas no Brasil em sua política e economia como um mero reflexo da vontade e atos dos hegemons que já foram ou ainda o são: Portugal, Espanha, França, Grã-bretanha, Estados Unidos da América, Alemanha.

• O esforço da classe política e da oposição seria para se reposicionarem ou de reagirem diante do rearranjo dinâmico destas potência mundiais na luta perpétua pela hegemonia e das suas conseqüentes paz e guerra perpétuos que obrigam aos países dependentes ou satélites a acompanharem esta disputa buscando salvaguardarem o que resta de autonomia e de autodeterminação dentro destas condições e limitações dados pelos interesses ditados pelos arranjos políticos ditados pela potências mundiais e seu interesses geopolíticos.

Globalismo (puro: World System)

• O globalismo é uma abordagem teórica que tenta rever as relações internacionais a partir da premissa de que os governos pouca ou nenhuma interferência podem ter contra os interesses comerciais do capital transnacional diante da evidência de que os interesses globalistas são apátridas, não discriminam território, ideologia, culturas e costumes na busca de seu lucro diário, portanto constituem-se numa forma independente de construção das relações internacionais, baseada apenas nas oportunidades de estabelecimento de negócios comerciais, industriais e financeiros, que fogem ao controle dos estados nacionais, onde os seus interesses não se subordinam nem convergem com interesses imperialistas.

As ideologias / teorias antidemocráticas

1. Elite de Mosca

2. Elites de Pareto

3. Corporativismo de Mihail Manoilescu

4. Robert Mitchels "Lei de bronze das

oligarquias"

• A teoria da elite de Hugo Mosca foi construída para servir de contraponto à teoria marxista que fincou fortes raízes e monopolizou as discussões desde a sua apresentação nos meio políticos e científicos. O que fazer? Então criou-se a teoria da elite, que aceitava a idéia de que a sociedade estava dividida, mas que esta divisão não representava um conflito, ao contrário, esta divisão era natural e benéfica à sociedade, que beneficiava-se desta divisão para melhor organizar-se uma vez que a elite era a aristocracia melhor preparada para conduzir a sociedade.

• A variante à teoria da elite foi então construída por Vilfredo Pareto, cuja diferença principal era que Pareto identificava várias elites na sociedade cada qual assiste ao seu setor específico social, político e econômico. O que buscou Pareto em sua obra científica foi construir leis sociais tão exatas como na Física, ao qual ele chamou de Física Social. Com a suas categoria de "resíduos e pólos ", "raposas e leões" Pareto descreve a dinâmica social como um conjunto de interações onde os indivíduos trazem contribuições comportamentais para a sociedade e acabam se contaminando com as demais contribuições de demais indivíduos e o que resta são os resíduos que formam a estrutura de preferências que orientam as ações dos indivíduos na sua coletividade. Os políticos e as elites se dividiriam entre os leões e as raposas, os valentes e os astutos.

• Robert Mitchels ao estudar o Partido Social Democrata alemão chega a conclusão que: qualquer instituição organizada acaba gerando elites, inclusive os partidos de trabalhadores socialistas, justamente onde não deveria existir elites. Esta conclusão a que chega Mitchels cria uma verdadeira revolução porque reforça a idéia da antidemocracia política: ou seja, a total impossibilidade da democracia política dentro de qualquer forma de organização; quando se fala em organização fala-se em elite, portanto, não poderiam existir organizações democráticas, segundo a Lei de bronze das oligarquias.

Massa versus classe:

As perspectivas categóricas contidas no conceito de "massa"(em oposição à elite) são o antipartidarismo e a antidemocracia; por outro lado, a categoria analítica contida em "classe" aponta para uma determinada preferência política, ou está referenciada à uma preferência política para opor-se a ela.

Dilema das esquerdas no Brasil:

• populismo ou luta de classes?

Como é o homus politicus: Pavlov, Freud ou Marx?

Os tipos humanos ideais podem ser classificados em: os políticos, os quais ambicionam o poder mais do que qualquer outra coisa; os hedonistas, ou utilitaristas, os quais buscam o máximo de satisfação e prazer com o menor esforço; ou, os econômicos, os quais buscam a riqueza a qualquer custo mais do que qualquer outra coisa. É claro que o tipo real é uma mistura em variadas proporções destes tipos ideais. É a partir de cada um destes tipos que são construídos os modelos de expectativas de comportamentos dos consumidores, eleitores e cidadãos ou indivíduos dentro de cada enfoque teórico: sistemista, dos jogos, institucionalista, marxista, liberal, democrático, econômico, sociológico, patrimonialista, antropológico, corporativista, imperialista, internacionalista e internalista.

• O problema da implantação do socialismo real pode ser resumido na pergunta de Stalin: "O quê fazer?" Como seriam as instituições socialistas? Como chegar lá, e como reconstruir os padrões culturais de comportamento dentro de uma sociedade que não existia ainda? Enquanto reformistas e revolucionários debatiam a melhor alternativa para a transição para uma nova sociedade que transcendesse ao capitalismo, a revolução soviética materializava-se na saída real, mas em outras partes do mundo o projeto político da reforma competia com o modelo de transformação revolucionária, como foi na Suécia, Dinamarca, Grã-bretanha, França, Alemanha e Espanha onde os partidos socialista e laboristas chegavam ao poder através do voto depois de um longo período de amadurecimento das idéias e ideais socialistas nas elites, classe-média e povo em geral, nesta ordem.

• O populismo e as esquerdas constituíram dilemas teóricos e de praxis em campos opostos, e esta dificuldade de compreensão dos caminhos paralelos que estes movimentos tiveram foi provavelmente o resultado do mais bem sucedido processo de construção de uma alternativa teórica para o movimento de massa da classe operária desde a Revolução Francesa. A competição estabelecida entre os dois movimentos pela redenção da classe proletária diante do paradoxo de ser maioria e ser dominada pela elite ensejou que duas abordagens competissem no sentido de: harmonizar os interesses, e, a outra, a marxista, de exacerbar e de enfrentar o conflito de interesses vistos como inconciliáveis por meios pacíficos entre produtores e consumidores, pobres e ricos, proletários e capitalistas. A intermediação do estado serviria para conciliar interesses, no corporativismo, como pólo aglutinador de interesses corporativos, ou, na perspectiva contrária, a marxista, onde o estado é tomado na instância alienista de estar a serviço do capitalismo por isto deveria ser destruído.

• Os movimentos de esquerda não foram capazes de empolgar a multidão, a massa, o povo, pois utilizam uma retórica racional demais e muito pouco concreta com relação aos objetivos e ações práticas, por isto fica difícil se entender os seus objetivos, métodos e propósitos, que parecem focados para uma parte da população, os trabalhadores, camponeses e operários, excluindo os pobres, desempregados e os lúmpem.

• POLOP (POLítica OPerária) a AP (Ação Popular), levam as suas divergências internas para um debate público que pouco contribui para esclarecer os já obscuros objetivos com relação à população com relação à construção de uma novo tipo de sociedade que nunca existiu, por isto não consegue transformar em luta de classe os movimentos populares, o populismo é então apropriado pelos líderes carismáticos que passam do discurso à prática sem no entanto aumentarem a consciência crítica com relação ao processo de entendimento político como a solução para o início das mudanças.

1. Falta de consciência de classe nos movimentos sociais (populismo = reformismo);

2. Não conseguem transcender ao oportunismo populista (incorporação das demandas pelas classes dirigentes) para a luta de classes;

• nacionalismo: foi uma bandeira cara aos movimentos populares e principalmente aos tenentes e aos comunistas.

• populismo: representou um processo concorrente aos movimentos classistas ideológicos porque incorporava muitas das demandas das classes trabalhadores e com isto eliminava o potencial de conflito de classe, criando um novo tipo de coesão de classe sem construir uma consciência revolucionária na perspectiva de uma revolução de classe;

• ditadura: foi a resposta possível à quebra das expectativas políticas das elites dominantes em manter o povo afastado do núcleo de decisões do poder central, através do isolamento entre as elites e o povo e da desarticulação da classe política através da proibição das atividades político-partidárias;

• direitos dos trabalhadores: foi uma resposta ao crescente aumento das populações urbanas e dos imigrantes europeus e também o alinhamento com o processo social e político na Europa e nos EUA, diante no New Deal, Keynesianismo, Welfare State, da Revolução de Outubro de 1917 na Rússia, do surgimento do fascismo com Mussolini na Itália, do Militarismo imperialista no Japão, do nazismo na Alemanha, e salazarismo em Portugal;

• revolução de classe: é uma expectativa da transformação da sociedade capitalista em um tipo de sociedade socialista através da mudança de consciência de sua condição de classe majoritária e da consciência do processo de exploração a que está submetida pela classe minoritária chamada capitalista, que pela astúcia ou pela violência teria iniciado o processo de acumulação capitalista, por isto entende que toda propriedade privada é um roubo (1780, Brissot de Warwille, apud Proudhom)

• propaganda política: tem o objetivo de formar, reforçar, modificar e reformar preferências políticas. O processo de formação de preferência política para surtir os efeitos desejados, deve causar impacto sobre os sentidos do indivíduo visando atingir o seu senso de valores. A estratégia de ação e a propaganda política trabalham nesta linha de sensibilização do indivíduo afastando-se dos apelos à razão e utilizando-se mais intensamente dos apelos aos sentidos.

O Brasil herdou um passado marcado pelo forte centralismo das cortes portuguesas, chegando a ser Vice-reino de Portugal, com a presença em seu território de uma monarquia européia, com D. João VI e D.Pedro-I, tendo sido também um império independente com o Príncipe D.Pedro II.

O traço mais marcante deste processo foi, além do traço cultural das cortes centralizadoras, o caráter agrário e fechado das oligarquias que sucederam as monarquias, cujo comportamento excludente em relação à população em geral mostrou que o Brasil seria uma nação com duas castas: os oligarcas e o povo.

Neste sistema a oposição à oligarquia agrária tem sido ocupada em períodos alternados pelos liberais, pelos comunistas, pelos nacionalistas, pela classe média, pelos populistas, pelos tenentistas e pelos anarquistas.

Este processo de revezamento sistemático entre liberais e conservadores no comando da política no Brasil vem desde os tempos do parlamentarismo do Império que começou em 22 de maio de 1847 com o primeiro ministro Manuel Alves Branco do Partido Liberal, daí em diante o Partido Liberal ocupou o gabinete mais quatorze vezes, o Partido Conservador ocupou o ministério por quatorze vezes, a liga Progressista três vezes; após a Proclamação da República, depois dos períodos de Deodoro da Fonseca e de Floriano Peixoto iniciou-se no governo do Presidente da República Campos Sales (Manuel Ferraz de) em 15 de agosto de 1898 a política dos governadores, que baseou-se no esquema de café-com-leite onde os estados de Minas Gerais e São Paulo revezavam-se na presidência da república até ao final governo do presidente Washington Luiz Pereira de Souza que tentou quebrar o pacto com a indicação de um paulista para sucedê-lo, ele que veio de São Paulo, sendo deposto e assumindo em seu lugar a junta governativa no lugar do vencedor das eleições Júlio Prestes, então completou-se o golpe de estado que deu posse a Getúlio Vargas em 3 de novembro de 1930.

Este esquema de conciliação das elites entre liberais e conservadores fica patente não só nestes casos, como é sintomático que a nossa independência tenha sido deflagrada e proclamada por um nobre de origem portuguesa, D. Pedro-I, e que a república tenha sido proclamada por um dos amigos mais íntimos do imperador D. Pedro-II, Mal Deodoro da Fonseca, que na madrugada anterior à proclamação fora convencido e forçado a proclamá-la, motivada pela idéia da vingança dos ex-escravocratas contra a Lei Áurea, da Questão Militar (criação de um plano-pecúlio para a aposentadoria dos militares) e da Questão dos Bispos (se deveriam seguir as lei no Brasil ou ao Vaticano), obrigando o ex-imperador a fugir de madrugada para que o povo não se revoltasse com o golpe contra o tão bem-amado e popular D. Pedro-II.

Não é por acaso que a capital federal tenha se situado durante o império e na primeira fase da república no Rio de Janeiro que está convenientemente à meio distância de São Paulo e Belo Horizonte, a quatrocentos quilômetros de cada umas destas cidades, hoje Brasília, o atual Distrito Federal, encontra-se à meia distância entre Rio de Janeiro e São Paulo, a mil quilômetros de cada uma delas.

Completando o quadro de evidências do caráter conciliador das elites liberais-conservadoras, hoje a composição da Câmara dos Deputados está dividida entre os estados do Sul-Sudeste de um lado e do outro os estados do Centro Oeste-Norte-Nordeste, estes dois blocos têm respectivamente 50% do número de cadeiras do total (513), sendo que o bloco Sul-Sudeste possui 58% da população e do eleitorado brasileiros, portanto cerca de oito milhões de pessoas e de eleitores têm o seu voto esterelizado no bloco Sul-Sudeste para que o equilíbrio geopolítico dos dois grandes blocos seja alcançado.

Por causa deste processo de anulação de representatividade dos eleitores do Sul-Sudeste caso o processo eleitoral fosse equânime o PSDB e o PFL perderiam 31 deputados federais cada, o PMDB ganharia 19 deputados federais, o PT ganharia 15 deputados federais, o PPB ganharia mais 5 deputados federais e o PDT ganharia mais 10 deputados federais, caso o sistema proporcional fosse abolido o PT deixaria de dar carona a 17 deputados dos nanicos de esquerda, aumentando sozinho a sua bancada federal, pois o PC do B (Partido Comunista do Brasil) e o PPS (Partido Popular Socialista) elegeram deputados federais sem nem sequer terem atingido o coeficiente eleitoral. Com isto cerca de 10,7 milhões de eleitores do Sul-Sudeste teriam os seus votos computados, assim o Sul-Suldeste teria passado para cerca de 295 deputados federais ao invés dos atuais 256 deputados federais, e as regiões Centr-Oeste e Norte-Nordeste passariam dos atuais 257 deputados federais para 218, respectivamente 57,5% e 42,5% pela transferência de 39 cadeiras de um bloco para o outro, do norte (Co-N-Ne) para o sul (S-Se).

A bipolaridade Minas / São Paulo, durante o período da Política dos Governadores (café-com-leite) interferiu na formação e consolidação da classe política no Brasil, quebrando a unidade federativa, acirrando o conflito exportadores versus importadores, industriais, comerciantes, impedindo um processo avançado de industrialização, que só foi implementado com o afastamento da elite oligárquica patrimonialista agrária do núcleo de poder central através da ditadura de Vargas, que quebrou os parâmetros do modelo político desde o descobrimento, implementando um modelo no qual as elites dominantes não participariam do controle do Estado.

Dentre os tipos alternativos de modelo de desenvolvimento pode-se destacar os seguintes modelos de industrialização: nacionalista, internacionalista, associado, ou, tríplice (estatal + estrangeiro + privado nacional). Vargas preferiu aquele modelo que dava ao Estado maior controle e menos interferência das oligarquias locais.

As causas intrínsecas da subida de Vargas podem ser encontradas no processo de mudança na composição socioeconômica das populações das cidades: migrações internas e externas, a chegada de migrantes italianos que vinham socializados com ideais anarquistas e marxistas, com melhor educação e formação profissional, então o impacto destas transformações encontraram na ditadura e no populismo uma razão para justificar uma revolução cultural e política da sociedade e do sistema político brasileiro.

A urbanização e o efeito demonstração das luzes da cidade sobre as populações do campo que viviam encurraladas nos grotões sob o controle totalitário dos coronéis que remanesciam do sistema de lealdades e compromissos dos líderes e representantes políticos atrelados à política dos governadores desde Campos Sales, que através dos partidos republicanos estaduais, viram com Vargas o fim dos partidos republicanos estaduais e depois de Vargas, o surgimento dos partidos nacionais e partidos regionais e de massa: mas isto significou mudanças na classe política?

A tentação caudilhesca no Brasil não termina, a prova é que depois de 1947 contam-se entre os populistas os Ex-Presidentes da República: Vargas, Quadros e Kubitscheck.

A grande mudança no processo de reconstrução do Estado foi a tentativa de criação de uma política externa de independência. Quadros, Vargas, Goulart e Kubitscheck.

No âmbito interno a mudança foi a sistematização das ações do governo federal através da planificação e centralização da economia, o que representou um avanço se considerarmos que a empresa majoritária representante dos plantations era a empresa rural: este tipo de empreendimento mantinha relações extremamente defasadas do mundo capitalista, haja vista que começou a formar-se na época da mão-de-obra escrava e não soube adaptar-se nem compreender e tirar vantagens do modo capitalista de produção; seria ela capitalista ou patrimonialista? seriam os seus operadores trabalhadores rurais ou servos da classe camponesa?

As mudanças tem sido adiadas pelas elites oligárquicas graças, segundo os internalistas, à coesão e às eventuais coalisões entre as oligarquias e a burguesia seja industrial, comercial e/ou financeira contra o inimigo comum que é o povo: o caráter desta coligação é antidemocrática, antipopular e antipartido, por este motivo o sistema político é o mais visado pelos processos de mudanças para desorganizar e desestruturar os processos que possam ameaçar a hegemonia desta coalizão. À medida que a democracia aumenta a participação popular e a sua representatividade, mais casuísmos legais são criados para anular ou minimizar a representatividade do voto e da participação das vanguardas que estão identificadas com as populações urbanas educadas.

Procura-se valorizar o voto das populações onde o governo das elites ainda consegue maior apoio, não é sem razão que vão buscar no interior dos estados, nas periferias das grandes cidades, no interior do Brasil e nas regiões Norte e Nordeste o apoio para a classe política dominante. É nestas localidades que o governo mantém a sua legitimidade e para estes núcleos que são distribuídos criteriosamente os valores sociais em troca do apoio e da fidelidade.

Este sistema patrimonialista, clientelista e neocoronelista mantém a estrutura de relações paternalistas e impede que o processo de mudanças e progresso liberte estas populações desta dependência. mas quando uma mudança se prenuncia novos instrumentos são alocados e novos casuísmo são criados.

Segundo Maquiavel é legítmo a utilização de qualquer recurso para a manutenção do poder, porém há que se lembrar que o progresso social coletivo está sendo impedido pois se opõe aos interesses e conveniências que limitam e condicionam a linha estratégica desde jogo, como ficou provado no estudo de caso em que é comparado o caso da Argentina versus Austrália. A conclusão que é que a elite agrária que forma a classe dirigente da Argentina é diferente da elite dirigente da Austrália que não é uma oligarquia agrária.

Portanto, por ser o setor industrial muito mais competitivo, com uma produção de valores agregados numa escala muito maior do que o setor agrícola o comparativo da eficiência conglobada setorial não permite questionar que o desenvolvimento industrial foi o fator de distanciamento entre os dois países considerados, o que explica politicamente que a diferença entre os dois pode ser creditada à qualidade da composição da classe dirigente da Austrália.

O mesmo aplica-se ao Brasil. Somente com o afastamento em dois momentos desta oligarquia agrária o Brasil conheceu surtos de desenvolvimento: com Vargas e com os militares de 1964-85, ambos períodos de ditadura. A razão do sucesso pode ser creditada ao afastamento das elites agrárias do poder, a ditadura funcionou como a variável interveniente pois afastou as oligarquias do núcleo de poder, temporariamente, o suficiente para que o Brasil desse saltos qualitativos no desenvolvimento.

• Inserção da América Latina no Mercado Global

A Teoria da Dependência nasceu de uma derivação da teoria do imperialismo em que se deu uma versão própria da teoria do imperialismo desde Rosa de Luxemburgo até o marxismo mais ortodoxo onde se percebe, segundo a teoria da dependência, um mundo dividido entre três esferas de poder: na esfera central ficariam os países desenvolvidos economicamente, na periferia estariam os países subdesenvolvidos e na esfera intermediária (semiperiferia) estariam os países em desenvolvimento. Segundo a teoria da dependência, os núcleos dos países em desenvolvimento receberiam indústrias e investimentos e até uma participação na produção industrial global dos países desenvolvidos, este desenvolvimento parcial e controlado permite que eles sejam parciamente desenvolvidos, em compensação a classe dirigente e a classe-média destes países semiperiféricos beneficiar-se-iam desta situação, por este motivo, segundo a teoria da dependência, estes segmentos sociais dos países semiperiféricos que se beneficiam deste sistema de exploração que o centro exerce sobre a periferia e a semiperiferia em lhes trazendo um padrão de vida equivalente aos dos países centrais produz uma relação de dependência e de submissão, até mesmo de cumplicidade entre o núcleo central dos países centrais e o núcleo central dos países semiperiféricos.

A teoria da dependência evoluiu ou derivou uma nova teoria chama de Sistema Mundo que juntou ao acervo teórico da teoria da dependência os estudos sobre as crises cíclicas do capitalismo e as tendências destas crises do sistema capitalista mundial.

Estas duas teorias percebem os problemas e as soluções para as crises dos países como um processo global que foge à competência

dos governos nacionais que pouco podem
fazer para impedirem o processo de
globalização, quando muito podem
interferir ou omissivamente ou apenas
responsivamente nas situações frente as
quais são colocados pelas circunstâncias do
ambiente internacional.

Segundo estas teorias o governo brasileiro
pouco pode fazer para evitar que o País se
beneficie ou se prejudique dos resultados
do processo de interação da grandes
empresas transnacionais (globalização) no
seu processo de transformação das relações
internacionais porque o governo é apenas
mais um dos muitos atores no processo de
relações internacionais, a História seria
apenas uma versão do processo de
acumulação capitalista internacional e de
ajustes dos processos desta transferências e
ajustes econômicos globais.

• Problemas da América Latina:

• centralização política

• concentração política
(autoritarismo=concentração de poderes)

• concentração econômica (monocultura
sem monopólio internacional – duopolo
MG/SP)

Aqui recorda-se o processo de agravamento
do modelo de desenvolvimento do Brasil
que só teve êxito em dois períodos de
exceção quando a classe política dominante

esteve afastada do comando político: nas ditaduras Vargas e nas ditaduras militares, quando o processo de desenvolvimento industrial teve sucesso, tanto com o modelo centrado no estado nacional com Vargas, o nacionalista, como o modelo misto tripartite (estado + privado + estrangeiro) como os militares.

Origens da formação do Estado Brasileiro

A crise do estado brasileiro tem origens na estrutura do estado centralizado português do qual o Brasil nunca conseguiu desvencilhar-se do modelo centralizador, clientelista e patrimonialista, que diferiu do processo na América do Norte, EUA e Canadá, por isto a comparação entre dois estados que tiveram um processo idêntico de formação da população mas com resultados diferentes. A diferença foi que na classe política na Argentina assim como no Brasil a hegemonia da oligarquia agrária conduziu a política governamental a um modelo de desenvolvimento agrário que impedia o desenvolvimento industrial acelerado devido às rivalidades internas entre esta elite agrária e a burguesia comercial exportadora, a burguesia industrial e financeira, cuja sinestesia da disputa pelo controle do poder federal impediu que estes dois grupos se revezassem ou coordenassem as ações políticas para dar à Argentina ou ao Brasil um desenvolvimento dinâmico do setor industrial, com todas as conseqüências deste processo que implica em educação, especialização, divisão do trabalho social, urbanização, politização e a criação de uma classe-média forte num governo pluralista.

O Brasil assim passa de ciclo em ciclo econômico com produtos primários de baixo valor agregado gerando uma riqueza de prescinde de especialização e grandes investimentos em tecnologia e pesquisa, produzindo com baixos salários e baixos custos, gerando uma riqueza concentrada e por estes fatores sendo obrigado a centrar nos custos da mão-de-obra a sua maior preocupação para a garantia da lucratividade e competitividade, com isto não consegue redistribuir a riqueza gerada nem criar um mercado consumidor interno forte para os seus produtos, dependendo das exportações de commodities para adquirir os produtos essenciais que deixam de ser produzidos localmente, o governo torna-se dependente desta economia e as alocações de valores políticos e sociais são feitas em função dos acordos entre os poucos produtores e a elite no governo, criando a simbiose do círculo vicioso estado-oligarquia:

TABELA VIII-2

• ciclos econômicos: açúcar (nordeste-1815), ouro (Minas Gerais 1741-1820), café (Rio-1859[80%], Minas-1902[22,8%], SP-1902[65,2%])

• feudos hereditários-> sesmarias->
colonialismo-> patrimonialismo-> vice-
reinado-> império-> café-com-leite->
oligarquia-agrária-exportadora-> ditadura-
industrialização

• padrões de colonização: bandeirantes->
milícias no RS-> mineração-MG->
mercantilismo-NE(monopólios de
comércio)-> guerras: Emboabas(MG),
Mascates(PE), Farroupilha(RS)

• colonização: bandeirantes-escravos/ouro-
> migração-SP-> colonização-Sul

Contextualização internacional – Teoria da
Dependência

TABELA VIII-3

• reunião de Portugal e Espanha em 1580
sob Filipe de Espanha

• Tratado de Methuen e ameaça de
Napoleão sobre Portugal em 1703

• Fuga da família real portuguesa para o
Brasil 1810

• Invasões Holandesas no Nordeste em
1624-Salvador e Pernambuco-1630-54

• restauração da independência de Portugal

da Espanha em 1640

• invasão francesa ao Rio de Janeiro-1540-60 Mem de Sá

• Guerras com Espanha no Sul-1680-1780

• Acordo de reconhecimento da Independência do Brasil-1827 com a Inglaterra- em troca de Privilégio para os produtos e cidadãos ingleses no Brasil.

O processo histórico do Brasil vem cercado de pré-condições dadas externamente que afetaram a construção de um modelo político que visto agora parece que não foi bem sucedido. O que cabe perguntar neste momento: quais seriam as alternativas de que dispunha a classe política brasileira diante daquele cenário internacional? O que poderia ela fazer naquelas circunstâncias diferentemente do foi feito?

Diante dos argumentos colocados fica relativamente fácil acusar os erros do processo histórico do desenvolvimento passado do Brasil. Mas o diagnóstico destas falhas não é ponto de convergência entre os estudiosos.

DATAS:

TABELA VIII-4

- 1500 – Descobrimento do Brasil

- 1549-1816 Vice-reinado – Tomé de Souza

- 1777 fim das capitanias hereditárias

- 1557-78 e 1608-11 duas capitais RJ e BA

- 22/01/1808 Regência de D. João no Brasil

- 1816-1821 Reinado do Império com D. João IV Reino Unido de Portugal Brasil e Algarve

- 1821 Regência do Príncipe D. Pedro-I

- 1822-31 Independência 1º Período Regencial: Trina provisória/ Permanente/ Una

- 1840-89 Segundo Período Regencial D.Pedro-II

- 1847-1889 Parlamentarismo Manuel Alves Branco a Visconde de Ouro Preto (Afonso Celso) [30 ministros Caxias (3 vezes) em 42 anos – 1,4 anos de mandato-médio]

- 1889 República

- 1898 Campos Sales – Política dos Governadores

- 35 Presidentes na Republica 1889-1999

[3,1 anos de mandato-médio].

Então, o quê fazer? O que os dirigentes
devem fazer é aceitar em primeiro plano a
tese de que as pessoas, cidadãos,
consumidores, indivíduos querem mais
poder e mais participação no poder, e que o
ponto de partida pode ser a democracia
participativa, ou seja, os grupos
primeiramente devem ser incentivados a se
organizarem em forma de associações,
clubes, condomínios, cooperativas,
sindicatos e outras formas de instituições
de forma conglobada, para então partirem
para uma estrutura de direção em que
todos tenham uma parcela de poder, como
preconiza a forma de gerenciamento
desconcentrado, pluralista, poliárquica,
para isto uma estrutura hierárquica
descentralizada deve ser construída
cuidadosamente para ser uma escada que
tenha no ápice a figura do guia,
representada pelo líder, não a do chefe, e
os degraus inferiores e subseqüentes sejam
tantos quantos os necessários para
acomodar o mínimo suficiente para atender
às demandas por lideranças na sociedade,
para permitir que um maior número de
pessoas tenha acesso e participação no
poder.

Para isto os estatutos sociais devem prever
regras que assegurem a estabilidade, a

continuidade e rotatividade do poder, e que as regras de ascensão gradual possam ser de modo a evitar-se um processo patrimonialista e clientelista conturbado porque o societarismo abomina a desordem e precisa da tranqüilidade para funcionar, por isso toda norma de acesso e de manutenção do poder deve prever um processo justo e gradual, constante e contínuo de ascensão na escala hierárquica, dentro dos mais altos padrões de justiça e equanimidade, abolindo o sistema das oligarquias já superados no processo histórico da humanidade nas civilizações realmente modernas, pois já não há mais espaço social e político para discriminações e alijamento por motivos escusos das minorias, as quais cedo ou tarde fazem vocalizar as suas demandas para tentarem sair do processo de esmagamento, ao contrário, elas estão desejosas de participarem, ao invés de propugnarem a derrocada geral e a destruição das instituições que abriga e comporta tais injustiças.

Já vai longe o tempo em que os governos sustentavam-se na exploração escravista e tributária para dar guarita ao fausto da realeza e das oligarquias, ignorando por completo as aspirações mais elementares dos seres vivos, que vem antes mesmo da sobrevivência, pois é mais fácil alguém cometer suicídio, seja lá por que motivo for do que se oferecer como escravo em troca de subsistência: isto de fato nunca aconteceu em nenhum momento ou lugar do universo conhecido e na História da civilização, e a prova disto é que o instrumental escravista é o mais violento e cruel do qualquer outro com finalidade repressiva, bem mais do que o tributário.

Teorias do Conglobalismo e do Societarismo

Os novos processos constitutivos desta nova sociedade e do novo sistema econômico neste ambiente de grande fusões e incorporações de empresas expressam-se através de duas novas teorias: uma sobre a sociedade e a outra sobre o sistema político-econômico.

A teoria sobre o societarismo propõe-se a dar uma explicação, uma a mais, sobre a formação da sociedade humana por considerar insuficientes as teorias existentes quando aplicadas a este novo processo histórico e cultural da era pós-neoliberal.

Estas velhas teorias conhecidas que explicam o surgimento da sociedade constroem hipóteses teleológicas sobre a formação da sociedade humana em função de uma expectativa de justificação do processo político cultural que lhes abriga ou que lhes segue cronologicamente, as quais têm por objetivo a construção de um modelo do estado nacional, das formas e sistemas determinados de governo.

Assim, Thomas Hobbes, Jean Jacques Rousseau, Montesquieu, Hegel, entre outros construíram estas teorias que concorrem entre si pela primazia do estabelecimento do marco fundador da sociedade e das bases do estado nacional, e a estes juntam-se agora as teorias do societarismo e do conglobalismo.

Thomas Hobbes (1588-1679), filósofo inglês nascido em Westport, Wiltshire, publicou a sua obra mais famosa Leviatham (1651) onde nesta ele constrói uma hipótese sobre as origens da sociedade política e do pacto fundador da sociedade organizada em torno da única possibilidade que poderia retirar o homem de seu estado de natureza, expressão que Hobbes utilizou para representar uma situação em que sem qualquer forma de acordo entre os seres humanos todos estariam entregues à lei do mais forte, no que ele denominou de uma guerra de todos contra todos.

Somente um tirano poderia restabelecer a ordem geral que afastasse a ameaça permanente a que os indivíduos estão sujeitos no estado de natureza, para isto todos concordam que devam abrir mão e alienar o seu legítimo direito de defesa ao soberano em nome da construção da ordem legal absolutista que é adjudicada ao hegemom, para que este reine despoticamente sobre todos em nome da ordem e da paz.

Teoria do societarismo

A crítica preliminar e suficiente que o societarismo faz contra a hipótese hobbesiana é que esta teoria pressupõe a pré-existência de um grupamento humano anterior ao estado de guerra de todos contra todos, uma vez que só existe disputa e conflito pela sobrevivência se existir anteriormente ao conflito uma arena constituída que engendre este conflito na população. Antecedendo a qualquer forma de disputa vem o instante da formação de uma colônia ou outra forma de aglomerado humano, sem o qual não haveria a arena para qualquer tipo de disputa.

A disputa representada pela guerra de todos contra todos é uma representação pictórica da divisão assimétrica de privilégios e status naquela proto-sociedade. Só é justificável haver disputas se houver diferenciação social e/ou escassez de algum fator limitante , tal como água, abrigo, alimento, propriedade de utensílios, e outros bens.

Admitindo-se que nesta proto-sociedade as diferenciações naturais, a aglomeração da massa crítica demográfica teriam induzido à especialização, presume-se que a primeira regra a ser estabelecida seria a regra da divisão de tarefas; a segunda regra social a ser estabelecida seria a da divisão assimétrica do trabalho social, em função primeiro das diferenciações das habilidades naturais, em segundo lugar em função da necessidade de prestígio e de riqueza, em terceiro lugar o imperativo da sobrevivência.

A primeiro critério naturalmente sugerido de divisão de tarefas seria aquele orientada pelo fator etário, justificado pela capacidade física e intelectual dos infantes e dos mais velhos; o outro seria o critério da divisão natural ditada pelo sexo, pelo menos em certos períodos e fases do ciclo reprodutivo relacionado aos cuidados da gestante e do nascituro, que inclui a amamentação e os cuidados com a segurança da prole no período imediatamente anterior e posterior ao parto até aquele instante em que alguma autonomia pode ser dada aos bebês em relação aos cuidados da infância.

O societarismo credita a este momento histórico do início da divisão das tarefas e ao momento seguinte, o da divisão assimétrica do trabalho social, que se seguiu, o marco fundador da sociedade.

Para que o processo mais complexo da criação da sociedade, que é o momento em que a divisão assimétrica do trabalho social toma efeito, um pacto de sobrevivência tácito foi estabelecido, significando que todos abririam mão da auto-suficiência em nome da total interdependência entre os membros da comunidade para o fornecimento recíproco dos serviços e produtos que seriam ofertados no mercado assim formado, então a partir daí não seria mais necessário o indivíduo construir o seu próprio abrigo, confeccionar as suas roupas, suas ferramentas, suas armas, caçar, pescar, plantar, colher, cuidar das doenças, tudo isto passou a ser ofertado pelo mercado, e compartilhado pela sociedade através do sistema de trocas ou remuneração ao prestador de serviço e de produtos, graças à divisão assimétrica do trabalho social.

O problema passou a ser: quem ficaria com a melhor parte desta divisão assimétrica do trabalho social?

Para responder esta pergunta é preciso estabelecer dois eixos de investigação: o primeiro apoiado na teoria do conflito, onde cabe a hipótese ou teoria hobbesiana que é o critério da lei do mais forte, e no segundo eixo caberiam as outras hipóteses contratualistas a partir de Rousseau, Montesquieu e seus seguidores legalistas tal qual Hegel e Kelsen que defendem o marco fundador do estado baseado em interesses recíprocos dos indivíduos em estabelecerem regras comuns de convivência social sobre as quais se fundaria o estado de direito.

John Locke construiu uma variante do pensamento de Hobbes apenas diferindo deste na definição do que seria o estado primitivo pré-contratual onde a propriedade privada seria criada a partir do acúmulo da poupança advinda do trabalho; então, o processo de criação do pacto fundador da sociedade e do estado nacional seria apenas para garantir o usufruto dessa propriedade. Nesta variante lockeana, novamente o societarismo questiona a antecedência da formação da demanda por um pacto de convivência o qual surge posteriormente à formação e da constituição da comunidade onde presumivelmente alguma forma de divisão de tarefas e do trabalho social já existiriam, daquela forma e condições já relatadas anteriormente neste capítulo.

John Locke também não resolveu o problema da organização do trabalho e da remoção dos obstáculos para o desenvolvimento da vida comunitária, impossível sem a divisão assimétrica do trabalho social, por um motivo muito simples: sem a divisão assimétrica de trabalho e de tarefas não sobraria tempo para formação patrimônio, para filosofar, para pensar, para criar e para pensar sobre o pensamento, o ônus das multitarefas levariam o indivíduo ao nomadismo tal qual vivem os indígenas na América do Sul em núcleos fragmentados sem estrutura social extensiva e permanente.

Jean-Jacques Rousseau, nascido em 28 de junho de 1712 em Genebra, foi um dos mais célebres pensadores sobre as origens da sociedade e do estado, tendo sido o mais pessimista em relação à sociedade, ao contrário de Hobbes, via, no estado de

natureza do homem no período anterior ao
da formação da sociedade, um ser puro e
íntegro, que foi degenerado pelo convívio
social, corrompido pelo processo de
acumulação de riquezas e pelo desejo de
ser proprietário.

Segundo Rousseau a sociabilidade do
homem não é uma habilidade ou
característica natural, o estado da natureza
caracteriza-se pela suficiência do instinto
selvagem, ao contrário, o estado de
sociedade caracteriza-se pela suficiência da
razão iluminista, positivista.

O homem natural é amoral, não
compreende vícios nem virtudes, não
precisa da sociedade. O princípio da
sociedade e dos vícios surgiu com a posse
de bens, ou seja, quando foi declarada a
primeira propriedade privada.

Portanto, a desigualdade é quase nula no
estado da natureza selvagem do homem, as
desigualdades resultam da sociedade e das
interações sociais, quando se fala em
sociedade fala-se em desigualdade,
segundo Rousseau.

Para Robert Mitchels quando se fala em
organização fala-se em hierarquia, quando
se fala em hierarquia fala-se em
diferenciação social, fala-se em privilégios,
portanto, fala-se em elites: não pode haver
democracia num sistema organizado, para
Rousseau, não poderá haver democracia
fora do estado selvagem, ou seja, a

sociedade é imanentemente antidemocrática. Da vida social nasceram: a riqueza, a beleza ou lascívia, a dominação, a servidão, a paixão romantizada.

Da propriedade surgiu a necessidade de cooperação, a princípio, eventual, depois de curto e médio alcance, depois de longo prazo que ensejou a construção da sociedade, do seu sistema de divisão assimétrica de tarefas e do trabalho social, e do pacto social.

O paradoxo Rousseauniano consiste na negação do princípio de Mandeville onde este último defende a lógica da razão individual à despeito da racionalidade coletiva onde a racionalidade coletiva resulta da somatória das lógicas individuais, necessariamente, neste caso rousseauniano a lógica individual conspira contra a sociedade orgânica e sobrevaloriza o individualismo, tornando a resultante da agregação das racionalidades individuais um processo irracional.

Para negar o princípio da racionalidade mandeviliana Rousseau nega qualquer racionalidade derivada do individualismo da sociedade, pois o homem somente seria racional fora da sociedade, segundo o princípio de que as desigualdades sociais não guardam qualquer relação com as habilidades individuais que diferenciariam os indivíduos, quer dizer, não são as virtudes ou os vícios que criariam diferenciações sociais. As diferenciações

sociais, segundo Rousseau, são
virtualidades criadas pela e para a
sociedade que é artificial e fictícia sem
fundamento na natureza. "A desigualdade
não é legítima do ponto de vista natural" .

Para Rousseau do marco fundador da
sociedade representou a destruição do
Éden no qual vivia o ser humano em
contato com a natureza, não existe outra
razão para a existência da sociedade senão
para evitar-se um mal maior já que a vida
social é contingente e inevitável.

Novamente em Rousseau a propriedade é
chamada como um imperativo categórico
central para a teoria do marco fundador do
estado de direito através de um pacto social
onde a natureza da garantia oferecida sobre
a proteção do direito à propriedade
pressupõe um momento anterior que foi o
momento de construção deste patrimônio,
cujo processo não é explicitado por
Rousseau, como se fosse algo já dado.
Novamente o societarismo encaixa-se nesta
lacuna para explicitar a importância do
processo de construção do patrimônio que
se quer proteger através do pacto social,
cuja formação deste patrimônio somente
seria factível através do processo de divisão
assimétrica do trabalho social e da divisão
de tarefas.

Charles de Secondat Montesquieu, nascido
em 1689 no Castelo de Le Brède, França,
contribuiu neste debate sobre a construção
do estado de direito democrático com a

teoria da separação dos poderes, colocando uma pedra sobre algum laivo remanescente de absolutismo, onde a divisão das tarefas políticas era importante para que o poder ficasse transparente e equitativo, pudesse ser fiscalizado, avaliado, ratificado e retificado pela sociedade.

Portanto, anterior à construção da sociedade política formou-se a sociedade civil à qual a sociedade política, ou elite dirigente, serve como fórum organizador das relações de direito resultantes das interações sociais.

Antecedendo à formalização da sociedade civil a divisão das tarefas tomou forma no núcleo das clãs por contingência da aglutinação em aldeias dos grupamentos humanos multi-clãs os quais originaram as comunidades multifamiliares a partir da fixação sedentária da população e conseqüente organização social, construída mediante o pacto de divisão assimétrica do trabalho social, que antecederam a formação da sociedade civil e política.

Esta assimetria gerou e gera desigualdades e conflitos que devem e são administrados pelo sistema legal e pelos seus agentes dentro de formas diversas de governos e sistemas políticos os mais variados, da anarquia ao totalitarismo, passando por toda a gama de tipologia de sistemas e processos diferenciados de escolha dos representantes políticos, desde a eleição até o critério da hereditariedade, todos estes sistemas de composição e de representação de poder foram incorporados à cultura das sociedades em todos os recantos do mundo ao longo do tempo histórico.

A divisão assimétrica do trabalho social também é uma divisão de privilégios e de status na sociedade, e este estágio deu origem a novos desafios às organizações criadas para exercerem o poder de controlar estes conflitos na sociedade.

Teoria do conglobado

Sobre este particular a teoria sobre o conglobado reflete a preocupação na organização das forças dirigentes e hegemônicas do sistema econômico que hoje estão em ebulição por causa da mudança no eixo condutor da sociedade que desloca-se visivelmente do setor político para os setores econômicos.

Nem sempre foi assim. Já vimos na história da humanidade a hegemonia da religião, da nobreza, das forças armadas e agora assiste-se o momento cuminante dos vencedores da Revolução Francesa de 1789: os burgueses completaram o processo de tomada do poder na sociedade, com o completo afastamento da nobreza, da igreja e dos militares.

Neste momento trava-se uma disputa intra-elite entre as burguesias comercial, financeira, industrial e agrária pelo controle do poder político e econômico.

O povo passou de ator, neste processo, a espectador. No congloblalismo não existem papéis reservados para agentes solitários, independentes. Os sujeitos são coletivos e estruturam-se através da coesão fornecida pelo interesse de grupo, não é o lucro suficiente para coalescer a unidade intrínseca dos conglobados. É necessário estudar e compreender a dinâmica e a importância política das ações dos conglobados.

Para contrapor-se aos conglobados os indivíduos devem utilizar da mesma forma de organização dos conglobados, reunirem-se em formas conglobadas de representação, isto é: através de sujeitos coletivos, quer seja através de associações, sindicatos, clubes, ONG's, institutos e outras formas coletivas de representação de interesses. Aquela forma de representação de interesses através da representação indireta parlamentar não mais representa ser confiável pois que o processo de escolha destes representantes está contaminado pelo enorme poder econômico dos conglobados que manipulam e formatam as preferência dos eleitores e impedem que candidaturas legítimas consigam incorporar-se ao processo eleitoral em condições de disputar de forma equipotente o acesso aos cargos eletivos em todos os níveis de representação política contra os representantes dos conglobados.

Já que foi desvendado o verdadeiro objetivo deste processo de conglobamento resta estabelecer o plano de luta que deve passar pela mudança cultural, onde as grandes religiões cristãs e budistas que apoiam-se no individualismo nas suas pregações pela busca da salvação individual da alma e na busca do aperfeiçoamento individual, já não estão mais sintonizados na direção desta mudança na cultura do individualismo da sociedade liberal para uma nova cultura solidária, por isto constituem os maiores obstáculos para uma mudança de atitude que acabará por ensejar a eliminação da sociedade individualista pelos conglobados econômicos justamente por causa da miopia trazida pelo individualismo metodológico imanente à estas culturas.

Resumo:

a) Categorias analíticas

Conglobado – Resulta na aglomeração de entidades jurídicas com o fim de fortalecer sua posição no mercado econômico e político quer seja através de fusões de empresas quer seja através de incorporações de empresas e empreendimentos temporariamente.

Congloblaismo – tipo de organização econômica onde as empresas em número reduzido delas hegemonizam o cenário econômico regional e transnacional, para obter vantagens em escala e para hegemonizarem as demandas no mercado através do controle oligopolístico da oferta de bens, serviços e oportunidades de consumo.

Societarismo – define um tipo de organização da sociedade civil em grupos multidisciplinares, multiculturais, multiraciais, voltados para algum interesse comum para disputar seu espaço na arena política e econômica frente aos conglobados, com o objetivo de obter este reconhecimento de sua importância e força política e econômica, organizados através do fortalecimento de sua coesão interna orgânica fundado no altruísmo de seus participantes.

Círculo societário – partes daquilo que forma o sistema de organização do societarismo substantivo concreto.

Divisão assimétrica do trabalho social – faz parte da estrutura da sociedade a divisão do trabalho social, vale dizer, das funções e papéis sociais que cada indivíduo se atribui dentro do sistema socioeconômico e cultural onde cada uma destas funções e papéis corresponde a sua capacidade ou as suas oportunidades de reposicionamento dentro do sistema social onde o indivíduo participa e dele obtém a recompensa pelo seu desempenho e participação de acordo com o seu status no sistema social de modo diferenciado.

Coesão – é o conjunto de crenças, normas, regras, procedimentos e expectativas que mantém o sistema funcionando e coalesce os indivíduos participantes do sistema social de modo funcionalmente organizado e produtivo.

Fator limitante - é aquele dentre os fatores imprescindíveis à vida o que existir em menor oferta, limitando o desenvolvimento ou a sobrevivência da população severamente, quando escasso, e sem o qual a população fica ameaçada de desaparecimento mesmo que abundem os demais fatores necessários à sobrevivência.

Massa crítica – è a quantidade limite mínima a partir da qual o início de um evento ou fenômeno se torna inevitável, tornando-se o ponto de ruptura de um processo a partir do qual ele é desencadeado.

Efeito grupo – quando uma massa de indivíduos ou partes vivas ou inanimadas atinge determinado volume ou quantidade tal que a soma das partes supera o efeito delas somadas, na chamada sinergia.

Efeito sistema – quando uma massa de indivíduos ou partes vivas ou inanimadas no momento que agem em conjunto formam uma nova categoria de objeto com características distintas de suas partes componentes tomadas isoladamente, de modo quase irreconhecível, de modo que a decomposição das partes nem sempre torna inteligível a compreensão do todo.

b) As linhas mestras da ideologia do societarismo pode ser assim descritas:

• fidelidade ao círculo sistêmico ao qual está filiado;

• submissão dos interesses individuais à vontade da maioria e o acatamento da vontade majoritária;

• dirigir os pensamentos e ações em harmonia com a comunidade, visando o bem-comum e a cooperação mútuas;

• procurar enquadrar-se nos círculos sistêmicos que lhes sejam afins, para poder cooperar e extrair destes auto-estímulo e confiança;

• cuidar para que as leis e as normas sejam respeitadas; o mesmo também com relação à hierarquia, seja em que grau for;

• objetivo central do conglobado é o poder, e o societarismo o instrumento melhor para rivaliza-lo;

• societarismo não é somente força-bruta;

- societarismo não é ideologia;

- societarismo não é um fim;

- societarismo não se auto-regula;

- societarismo não é auto-suficiente;

- societarismo não é só busca hedonista;

- societarismo não é só poder;

- poder é a capacidade de impor a vontade, sem restrições;

- poder é capacidade de despertar temor;

- altruísmo não é simplesmente um sentimento abstrato e enlevado, é antes em meio de produzir a cooperação;

- a cooperação é um método de exponenciação dos esforços individuais;

- societarismo é um aglomerado de pessoas com uma ideologia, e um elo de coesão forjado no altruísmo e hierarquia;

- a hierarquia é o meio ordenado de compartilhamento do poder;

- a anarquia é uma deformação da hierarquia onde todos os níveis hierárquicos tem o mesmo grau;

- societarismo privilegia o coletivo;

• societarismo tem o sentido plural;

• societarismo abomina a desordem: prefere a legalidade à justiça;

• poder não se doa nem se recebe: ou se herda ou se conquista;

• poder é auto-suficiente;

• poder é indivisível: compartilha-se pela hierarquia;

• poder permeia todas as relações sociais;

• a liderança é antes de tudo um método centralizado de comunicação;

• a coesão é o meio de obter a subordinação hierárquica;

• a ideologia provoca e mantém a coesão no societarismo de forma duradoura e eficiente;

• a justiça é um meio dos cidadãos exercerem o seu poder dentro das normas legais do sistema, através da atuação de seus instrumentos institucionais específicos;

• a ordem é a base para o exercício pleno da hierarquia;

• processo de acumulação do conhecimento é um esforço debitado ao sistema para exponenciar a capacidade humana de realizações;

• a divisão assimétrica do trabalho social é o fator de eficiência do societarismo: as máquinas exponenciam o esforço humano multiplicando a massa crítica pelo número de pessoas que ela seja capaz de substituir assim como o conhecimento também é um fator exponenciador do trabalho;

• círculo societário é o responsável pela acumulação, pela transferência e propagação do conhecimento;

• poder pertence ao líder que deve compartilhá-lo através da hierarquia, de acordo com o nível hierárquico;

• poder é inerente e imanente ao ser humano;

• societarismo é escravo das leis e das normas;

• a escravidão é a negação da natureza humana;

• círculo societário cresce quando os seus membros progridem;

• a força do societarismo está na coesão de seus membros;

• a ideologia deve ser, antes de tudo, fator de coesão do societarismo;

• a coesão é o cimento do societarismo:

sem ela não há;

• societarismo tem a prerrogativa da força bruta, que vem do poder, para manter a ordem e garantir a tranqüilidade através da ideologia e da hierarquia;

• poder é indivisível, porém deve ser compartilhado a bem da tranqüilidade do círculo societário;

• poder é atemporal, invisível, transcendente, perene, autojustificável, basta-se a si mesmo;

• societarismo é o amálgama das tendências totalitaristas do poder com a necessidade de compartilhamento do poder através da hierarquia.